ANTONIO D'ALBERO

PRACTICE TO BEAT THE BEST

LES FONDAMENTAUX DU BASKETBALL

Une compilation d'exercices de basketball

Édité par

BKC EDITORE

Traduction éditée par Laura Draux.

Via Enrico Fermi, 5 - 06128 Perugia

I° Édition Novembre 2022

Je tiens à remercier et dédier ce livre à mon petit Éric qui vient de voir le jour et à ma femme Florencia qui a toujours cru en moi et m'a toujours apporté son soutien, à mon père Tullio et ma mère Maria qui m'ont tout enseigné de la vie avec amour, ma sœur Maria Grazia toujours présente et prête à m'aider, je vous aime !

Antonio d'Albero
www.antoniodalbero.com

INDEX

INTRODUCTION

Ceci est la version française du livre “Practice To Beat The Best”. Le texte original anglais se compose d’un manuel complet sur le coaching cependant, pour la version française, nous avons décidé de reproduire une série de volumes séparés et classés par sujets. La thématique de ce premier livre concerne les fondamentaux du basket. La traduction de certains textes également présents dans l’œuvre anglaise a été réalisée en veillant à conserver intact le sens original.

Avec l’aide de Basketcoach.net et de mon ami Enrico Petrucci je tenterai d’apporter dans ce livre ma connaissance des exercices, bon nombre d’entre eux font partie de la compilation réalisée lors de ma carrière professionnelle à l’étranger où j’ai été confronté à diverses idées et cultures de basketball. Mon objectif est de fournir davantage de solutions pour vos programmes d’entraînement.

J’ai combiné mes ressources à ma philosophie du basketball, beaucoup d’exercices présents dans l’ouvrage sont simplement nés sur le terrain en travaillant avec mes équipes ou en assistant à des entraînements d’autres coachs qui m’ont inspiré pour en créer de nouveaux à adapter ensuite à mes joueurs.

Dans ce livre tu trouveras une compilation d’exercices utilisables aussi bien pour l’amélioration individuelle du joueur que pour n’importe quel type d’équipe. Chaque exercice peut être intégré à la phase d’activation de tes programmes d’entraînement ou être utilisé pour entraîner n’importe quel fondamental offensif ou défensif. Tous les ateliers ont été reproduits avec des diagrammes accompagnés d’une description et beaucoup d’entre eux possèdent même un QR code grâce auquel tu peux accéder à la vidéo de l’exercice avec ton téléphone portable.

Quand je prépare mon programme d’entraînement, j’aime commencer par un échauffement. Le plus souvent, durant cette phase, des exercices sur les fondamentaux sont proposés (dribble, passe, tir, rebond, etc.). Quand je constate que les joueurs ont atteint l’objectif du travail, j’ajoute

une dimension compétitive à l'exercice, cela peut s'appliquer individuellement aux joueurs (1contre1) ou à l'équipe.
N'importe quel exercice sur les fondamentaux peut se transformer en compétition, créant un travail fonctionnel au jeu puisque l'intensité sera naturellement augmentée par l'envie de gagner. Transmets toujours à tes joueurs l'envie d'apprendre tout en s'amusant. Il n'existe pas d'exercices ennuyeux, si nous les réalisons avec l'énergie qu'il convient, évite les longues files, évite les distractions, sollicite toujours tes joueurs à participer activement à l'entraînement afin d'atteindre des objectifs communs : l'implication réciproque aide à dépasser la peur de l'échec.

- Grâce à de nombreuses expériences nous avons appris que l'échec est seulement une partie du succès.
- Si tu tombes, relève toi ! Si tu te trompes, réessaye !
- Nous ne devons pas accepter la médiocrité durant l'entraînement. Ils n'apprendrons pas s'ils ne donnent pas le meilleur d'eux-mêmes.

Le basketball est un divertissement, nous devons transmettre à nos joueurs l'envie de revenir s'entraîner chaque jour ; crée-leur à chaque fois des attentes avec de nouveaux exercices. Essaye de commencer chaque entraînement avec une nouvelle proposition d'échauffement, cela t'aidera à capter leur attention et à les préparer à faire un bon entraînement.

Coach Antonio d'Albero

DAN HUGHES (WNBA COACH)

"Coach Dan est un de mes très chers amis, il est toujours prêt à me donner des conseils quand j'en ai besoin, il m'a encouragé et soutenu durant ma carrière d'entraîneur. Dan Hughes est sans conteste mon inspiration en tant qu'entraîneur." **Antonio d'Albero**

Je suis vraiment honoré de vous parler d'un livre incroyable qui instruit le lecteur sur une de mes matières préférées, l'entraînement dans le basket. Antonio d'Albero s'est exprimé très clairement pour s'adresser aussi bien aux débutants qu'aux esprits plus experts du basket, avec des informations et des intuitions essentielles.

En 40 ans, j'ai entraîné des femmes et des hommes, et effectué deux décennies en tant qu'entraîneur principal WNBA, et grâce à mon expérience je peux dire que ce livre est bien réalisé, facile à lire, et permet, de manière efficace, d'obtenir des concepts et des méthodes utiles pour l'entraînement. Les entraîneurs sont des enseignants et l'entraînement est la salle de classe pour apprendre.

Ce livre est également utile parce qu'il indique diverses méthodes d'apprentissage pour construire des notions clés. Créer l'apprentissage c'est exactement ce que nous devons faire en tant qu'entraîneurs avec nos équipes. De la programmation de l'entraînement, à la mise en place, jusqu'à l'évaluation, ce livre est essentiel et bien pensé. J'ai promis à toutes les équipes que j'ai entraîné (y compris celle championne de la WNBA de 2018, les Seattle Storm) que je n'aurais pas gaspillé une seconde de leur temps et j'attendais de même en retour. Cet ouvrage promeut l'organisation de l'entraînement et de l'enseignement, en se concentrant notamment sur le rythme et le travail pour viser à une amélioration durant la saison.

L'entraînement a toujours été ma partie préférée du processus d'enseignement du basket et ce livre m'a donné la possibilité de m'améliorer. S'améliorer est un point essentiel pour notre vie dans le basket et ce livre y contribue sans conteste.

Votre
Coach Dan Hughes

LA PROGRAMMATION ANNUELLE

- Programme Mensuel
- Programme Hebdomadaire
- Programme Journalier

Par "programmer" j'entends l'organisation de vos idées et objectifs dans une période de temps donnée. Je crois qu'il n'est pas possible d'entraîner et de diriger un groupe de joueurs sans un programme annuel précis, avec des objectifs et des méthodes prédéfinis.

La programmation à long terme est faite en collaboration avec le CLUB / FÉDÉRATION pour laquelle travaille l'entraîneur et celle-ci donnera une direction générale à suivre pour le COACH ainsi que des objectifs à atteindre avec le CLUB. Le COACH est responsable de l'application de la politique décidée par le CLUB en ajoutant ses idées et son expérience et, lorsqu'il est engagé, il doit s'impliquer à 100% sans jamais donner l'impression de travailler dans une direction qui ne lui est pas propre. L'entraîneur doit partager les objectifs du CLUB et du conseiller technique.

Travailler avec les jeunes à un grand avantage : dans la quasi-totalité des cas, l'entraîneur des juniors commence la saison en sachant également qu'il va la finir. C'est important de fixer des objectifs atteignables, afin d'éviter la frustration de ne pas être capable de réaliser tout ce qui a été programmé. L'entraîneur des équipes juniors et séniors doit savoir évaluer le matériel humain qu'il a à sa disposition, savoir agencer le calendrier selon la valeur actuelle du groupe, évaluer jusqu'où il peut arriver. Il devra donc construire une échelle par degrés et passer au niveau suivant seulement quand le groupe aura acquis parfaitement le travail précédent.

Dans ce contexte il faudra évaluer le programme mensuel, soit l'ensemble des objectifs et des exercices que le coach exécutera durant les entraînements de chaque mois avec l'intention de respecter le programme annuel. Il est bon que l'entraîneur tienne compte de divers aspects du jeu sur lesquels il travaillera durant ce mois-là, comme par exemple : le dribble, la passe, le tir, la mentalité défensive, la technique défensive, les rotations en défense, les écrans de retard en défense, la technique du rebond, la sortie de balle pour la contre-attaque, comment courir en contre-attaque, la transition, les mouvements sans ballon, les fondamentaux individuels, etc.

Il arrive souvent que, durant le mois, il faille apporter des modifications au programme, voici pourquoi il est nécessaire de toujours avoir le contrôle de ce qui a été fait et de ce qu'il reste à faire. C'est dans ce contexte que s'inscrit le concept de programmation hebdomadaire, qui est au cœur de toute la programmation.

Avec les équipes sénior, au contraire, la programmation annuelle se limite à la réalisation de deux objectifs : le premier concerne les résultats du travail d'équipe et le second l'amélioration individuelle des joueurs, surtout si vous avez dans vos effectifs des jeunes prometteurs sur lesquels le CLUB veut miser pour le futur.

> "La planification de l'entraînement est le premier pas pour un entraîneur afin d'avoir une équipe organisée de manière à ce qu'elle puisse bien jouer ensemble." ***Del Harris***

LA MÉTHODOLOGIE DANS LE SECTEUR JUVÉNILE

La clé du succès est la simplicité. C'est toujours plus facile de faire une chose simple pour s'en rappeler. Le meilleur joueur des juniors n'est pas celui qui a un jeu compliqué mais celui qui sait faire de la meilleure des façons les choses faciles, il semble logique de dire qu'un système simple aide à faire progresser les bons joueurs.

C'est important que l'enseignement soit fait pas à pas, en prenant soin d'enseigner principalement les bases et de porter une grande attention à la correction, c'est fondamental de ne pas diminuer le développement de la passion pour le jeu et la mentalité du travail. Avec les jeunes joueurs, il faudra se concentrer au maximum sur l'enseignement des fondamentaux individuels et le jeu devra être facile et très souvent libre.

La formation sera très utile dans les situations où le jeune joueur devra obligatoirement « lire » la situation et ensuite « choisir » la solution. Transférer de ce fait les fondamentaux (dribble, passe, tir, défense) en une circonstance agonistique. La base du jeu sera l'1 contre 1, pour cette raison travaillez dessus pour développer la mentalité et l'initiative personnelle. Jouer ensemble, les collaborations, commencez par un 2 contre 0 > 2 contre 1 > 2 contre 2, cela créera un esprit d'équipe ; c'est la première situation dans laquelle deux joueurs jouent ensemble. Dans le 3 contre 3 (3 contre 2) nous trouvons l'accumulation des situations avec lesquelles nous construisons le travail d'équipe. Les exercices avec trois joueurs contiennent toutes les situations qu'offre notre jeu, nous pouvons travailler sur cette alignement avec une grande méticulosité.
Une fois le 3 contre 3 terminé, utilisé pour construire à la fois le système offensif et défensif, ton équipe pourra facilement également jouer les 5 contre 5.

ÉLÉMENTS SUR LESQUELS TRAVAILLER

- Balle: confiance.
- Dribble : contrôle, positionnement de la main.
- Tir: coordination, équilibre, quantité.
- Passe : choix de la passe adaptée, bon timing, objectif.
- Défense : responsabilité, mentalité, agressivité, collaboration.
- Attaque : courir, fluidité, lire, collaboration.
- Espace: lire, bon timing.
- Ambiance : joie, travail d'équipe, effort partagé, esprit d'équipe.

COMMENT ORGANISER L'ENTRAÎNEMENT

Organise toujours ton entraînement et définis tes objectifs. Divise ton programme en sections :

- Échauffement (fondamentaux - tir)
- Stretching
- Réactivation (exercices de dextérité, tir, essayer les jeux d'attaque, etc.)
- Situations de jeu (par exemple : 1vs1, 2vs1, 2vs2, 3vs2, 3vs3,4vs3, 4vs4, 5vs4, 5vs5) + utiliser des compétitions de tir entre des situations de jeu pour récupérer. Le tir est très important à tous les

âges, les joueurs ont besoin de beaucoup tirer et toujours avec la bonne intensité ! (Entraîne-toi sur les situations de jeu)

- Game Time (5 VS 5)

Propose de nombreuses compétitions durant l'entraînement, les joueurs aiment les défis !

Beaucoup de joueurs ont probablement besoin d'arriver en avance à l'entraînement pour travailler sur leur pré-échauffement personnel (chevilles, élastiques, équilibres, etc.).
Cette partie peut être très importante pour les préparer et ainsi éviter des blessures ou pour récupérer de ces dernières.
Je suggère de terminer l'entraînement par du stretching personnel et par un travail de force (abdominaux, dorsaux, pompes, etc.)

ENTRAÎNEMENT STANDARD POUR LES JUNIORS

- Ball-handling
- Fondamentaux individuels avec et sans ballon
- Exercice de contre-attaque avec et sans défense, transition
- Défense individuelle et défense d'équipe
- Collaborations d'attaque avec et sans la défense (2 vs 0, 2 vs 2, 3 vs 0, 3 vs. 3, etc.)
- Exercices de tir
- 5 vs 5 ½ terrain et tout terrain

CORRECTIONS

Les entraîneurs peuvent donner des conseils et des corrections aux joueurs de différentes façons. Fais des corrections rapides et individuelles sur les erreurs et les choix sans interrompre l'entraînement. Interromps l'exercice et corrige tous les joueurs si tu considères que le sujet est véritablement important.

Change les règles du jeu si l'exercice est trop facile ou trop difficile. Reviens sur des « exercices spécifiques » pendant 5/10 minutes afin que tes joueurs aient davantage conscience de l'objectif.
Quand ils ont atteint l'objectif de l'exercice, tu peux le transformer en compétition, quand le concours commence on ne corrige et on n'arrête pas l'action, ce n'est plus le moment de corriger, c'est le moment de s'amuser !

GAME TIME

Le jour du match, les joueurs de ton équipe s'attendent à ce que tu sois positif, optimiste, confiant et sûr d'y arriver.
L'avant-compétition n'est pas le moment des longs discours, essaye d'être clair et décidé. Le basket est un jeu d'ajustement, sois donc prêt à corriger et changer, tu pourrais devoir renoncer à ton plan bien organisé après 5 minutes seulement. Il pourrait être nécessaire de mettre de côté tes émotions pour obtenir un résultat d'équipe.
Un entraîneur doit avoir le courage de prendre une décision-clé en une demi-seconde, le courage et la confiance sont la base pour prendre des décisions.

- *Tu ne peux pas gagner chaque match mais tu peux apprendre de chaque match.*
- *Ne laisse pas un match détruire ta passion.*
- *N'aie pas peur de perdre. Pense à gagner !*

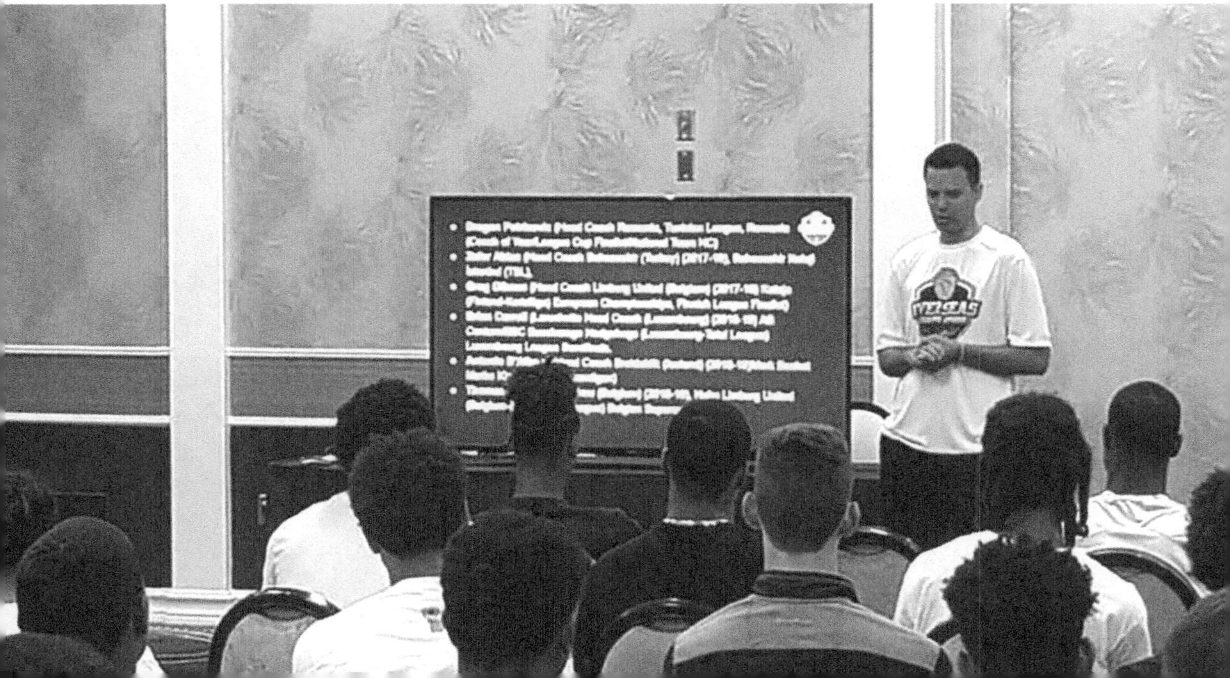

TEAMWORK - TRAVAIL D'ÉQUIPE

Chaque individu est important, mais tous ensemble ils sont imbattables : chaque objectif doit pouvoir compter sur l'implication de l'équipe. Ne fixe jamais un objectif qui inclut un nombre de victoires – Jamais ! Établie des objectifs qui tournent autour du jeu d'équipe collectif, de cette manière tu seras dans l'optique de gagner chaque match. Construis une équipe pour obtenir ce qu'une personne seule ne peut accomplir. Seuls, nous sommes plus faibles qu'en groupe. Les grandes équipes prennent leurs responsabilités, on gagne ou on perd ensemble.

- Tu ne peux pas gagner chaque match, mais tu peux apprendre de chaque match.
- Ne laisse pas un match détruire ta passion.
- N'aie pas peur de perdre. Pense à gagner !

1. EXERCICES POUR LE DRIBBLE

EXERCICE 1 - EXERCICE POUR LE DRIBBLE

Joueurs éparpillés sur la moitié du terrain, un ballon par personne : dribbler sur place de la main droite et gauche ; faire également des changements de mains frontaux.

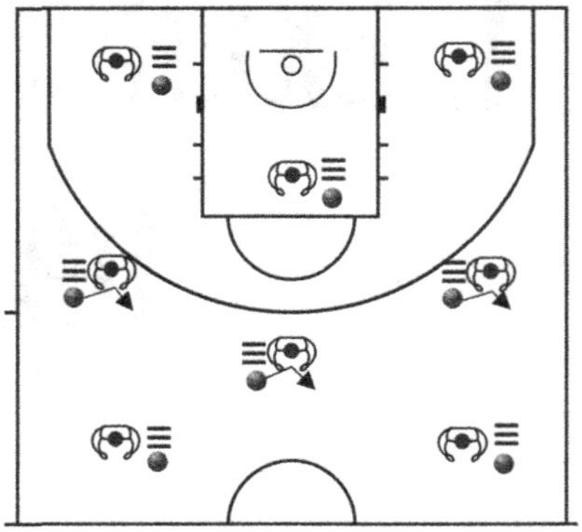

EXERCICE 2 - EXERCICE POUR LE DRIBBLE

Joueurs éparpillés sur la moitié du terrain, un ballon par personne : dribbler de la main droite avec la jambe gauche en avant, reculer en dribblant avec l'entraîneur, en face, qui dirige ; tu peux changer de main pour dribbler.

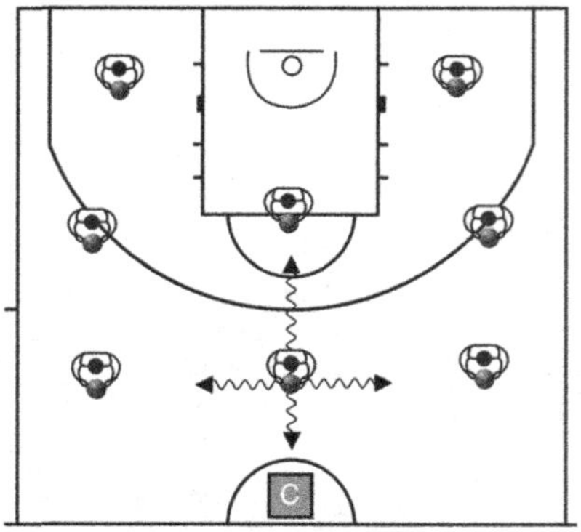

"Ne te demande pas ce que tes coéquipiers peuvent faire pour toi. Demande-toi ce que toi tu peux faire pour tes coéquipiers."
Magic Johnson

EXERCICE 3 - EXERCICE POUR LE DRIBBLE

Joueurs deux par deux, un ballon par personne, dispersés sur tout le terrain : dribbler en cherchant à voler la balle du coéquipier.

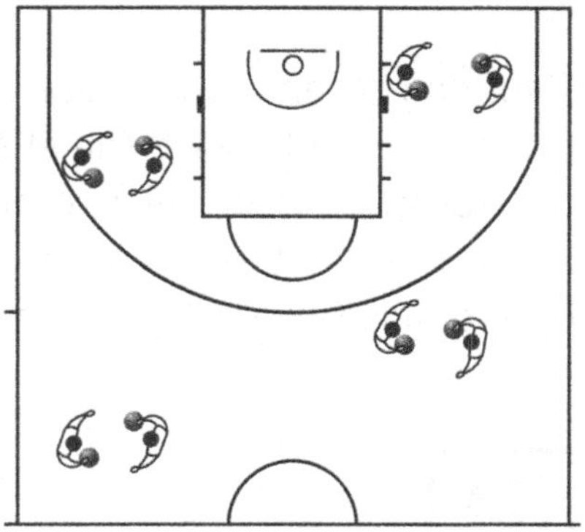

EXERCICE 4 - 30 SECONDES : DRIBBLE + CHANGEMENTS DE MAIN

Le joueur part en dribble en se déplaçant en zig-zag, tous les trois dribbles il effectue un changement de main et de vitesse pour attaquer la nouvelle direction. L'exercice dure 30 secondes, l'attaquant joue contre lui-même et contre le temps, il doit effectuer le plus de changements de main possible en 30 secondes.

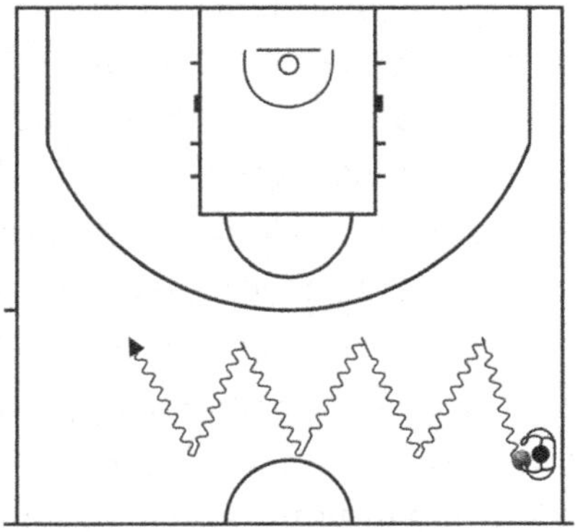

QR Codice : regarder la vidéo.

EXERCICE 5 - ÉCHAUFFEMENT EN DRIBBLE AVEC DEUX BALLONS

Échauffement en dribble avec deux ballons, ball handling alterné et simultané, tous les deux aller-retour on change d'allure et de dribble : latéral, course talons-fesses, skip, course à reculons, etc...

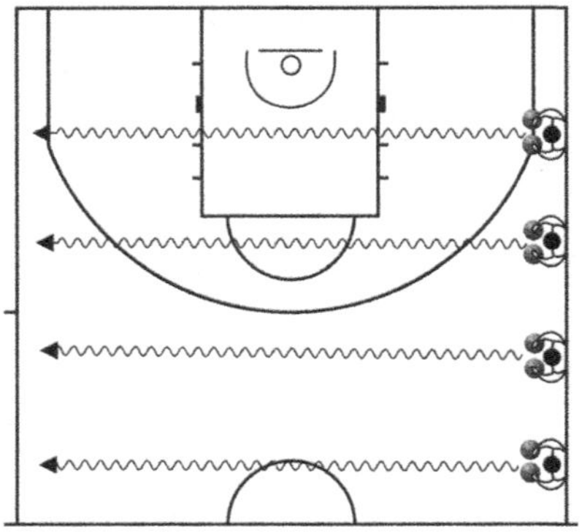

EXERCICE 6 - EXERCICE POUR LE DRIBBLE

Joueurs répartis sur quatre files, deux sur les lignes de lancer-franc et deux sur les lignes latérales à hauteur de la ligne médiane, les premiers joueurs de chaque file avec un ballon ; un défenseur dans le cercle du mi-terrain : les quatre joueurs avec le ballon dribblent et entrent dans le cercle en protégeant le ballon du défenseur, puis il se tournent, passent le ballon au premier de leur file et vont faire la queue.

Comme l'exercice précédent, avec l'entraîneur qui indique toutefois où passer le ballon (« devant, derrière, gauche, droite »).

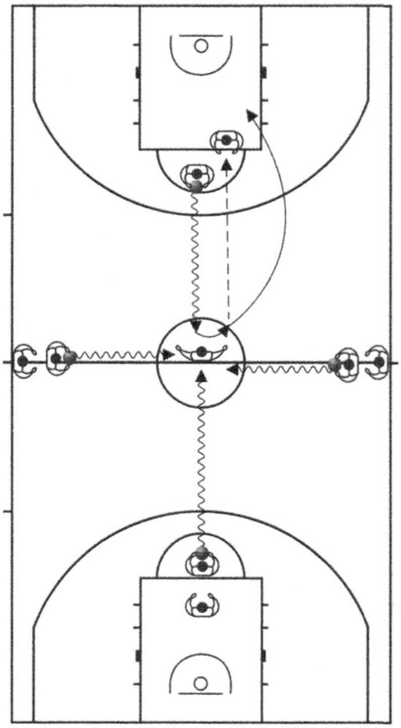

EXERCICE 7 - EXERCICE POUR LE DRIBBLE

Joueurs en rang sur la ligne de fond, un ballon par personne : départ en dribble avec la main droite, sur la ligne de lancer-franc changement de main, dribble avec la main gauche jusqu'à la ligne médiane, changement de sens, deux dribbles vers la ligne de fond et passe au coéquipier en face. Alterner le type de changement de main et le type de passe.

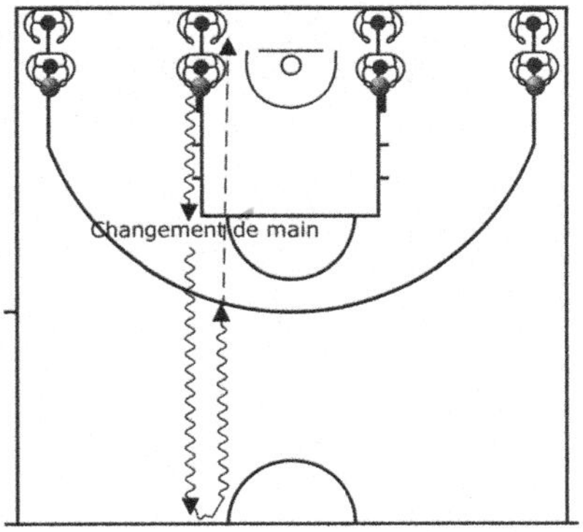

EXERCICE 8 - EXERCICE POUR LE DRIBBLE

Joueurs en rang en position centrale, derrière la ligne des trois points, un ballon par personne : partir en dribble avec la main droite, sur la ligne de lancer-franc exécuter un arrêt simultané en dribble, puis changer de main entre les jambes de manière à ce que le ballon passe du côté avant droit à celui arrière gauche, dribbler avec la main gauche et tirer en course.

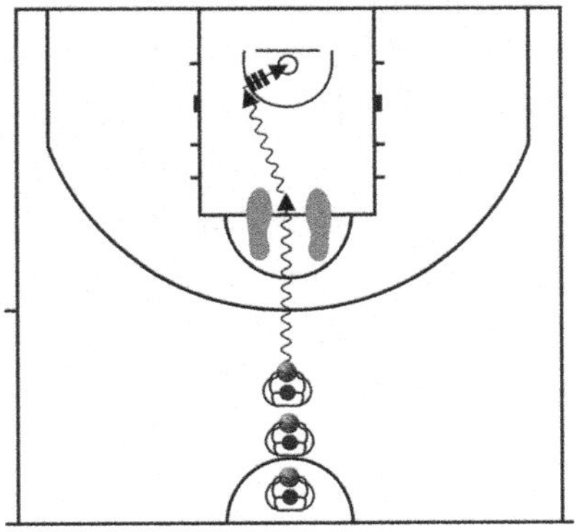

"Quand tu perds et que tu es sûr d'y avoir mis du cœur, tu as déjà gagné... c'est quelqu'un qui déteste perdre qui vous le dit..."
Kobe Bryant

EXERCICE 9 - EXERCICE POUR LE DRIBBLE

Comme l'exercice précédent, avec le joueur qui, après avoir exécuté le changement de main entre les jambes, exécute un virage pour pénétrer avec la main droite vers le centre et tirer en course.

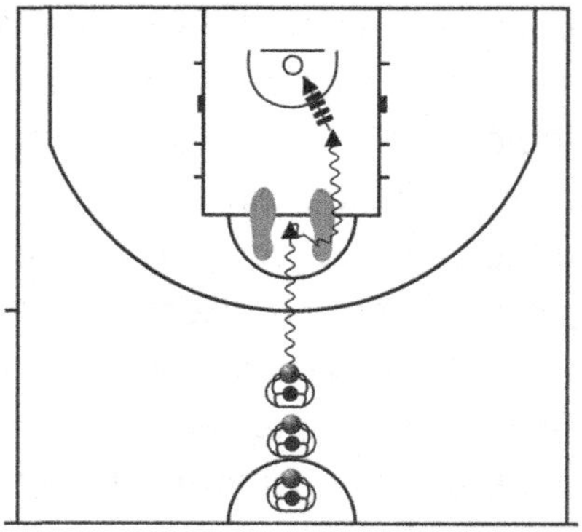

EXERCICE 10 – DRIBBLE AVEC CHANGEMENTS DE MAIN

3 ou 4 files de joueurs avec ballon sur la ligne de fond. Les joueurs vont droit devant sans changer de direction en exécutant divers changements de main tous les deux dribbles. Au retour, changement de main à chaque dribble.

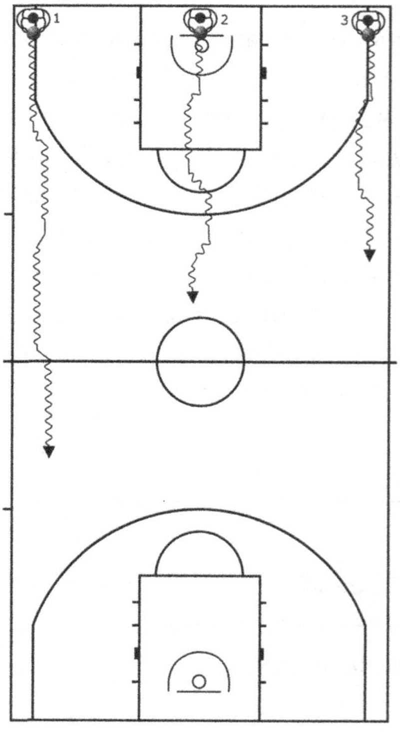

EXERCICE 11 - DRIBBLE AVEC CHANGEMENTS DE DIRECTION

3 ou 4 files de joueurs avec ballon sur la ligne de fond. Les joueurs avancent en zig-zag en exécutant divers changements de main tous les deux dribbles avec un changement de direction et de vitesse.

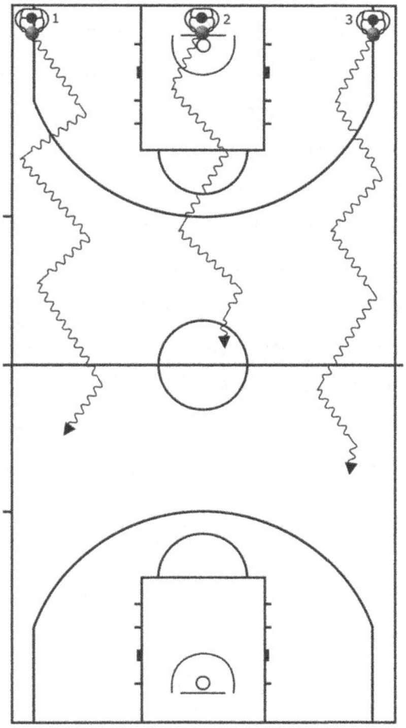

EXERCICE 12 - DRIBBLE AVEC CHANGEMENTS DE DIRECTION

Deux par deux sur la ligne de fond, le joueur de devant avec deux ballons, celui de derrière sans.
Le joueur avec deux ballons dribble jusqu'à la ligne de fond opposée en exécutant différents types de dribble avec deux ballons (simultané, alterné, zig-zag, haut-bas, etc.), et pendant qu'il retourne vers son coéquipier sans ballon, il doit crier les nombres que celui-ci lui indique avec les mains en levant les bras au-dessus de la tête.

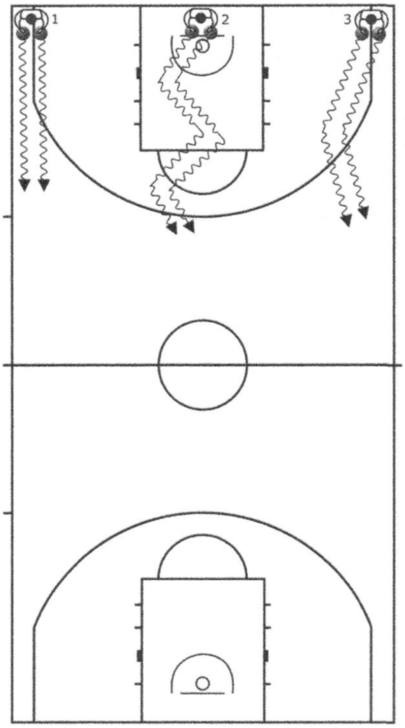

2. EXERCICES POUR LES DÉPARTS

EXERCICE 13 - 1C0 + APPUI DÉPART + TIR

2 files de joueurs avec ballon à chaque panier au niveau de l'aile, avec un appui sans ballon pour chaque file au poste de meneur.
Le joueur à l'aile fait une passe avec la main externe à l'appui, reçoit une passe en retour, exécute un départ croisé et un tir choisi par l'entraîneur (double pas, power lay-up, lay-back, tir en appui etc.).

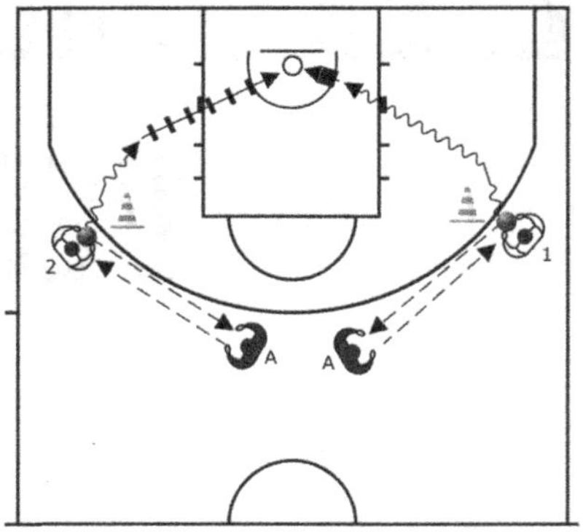

EXERCICE 14 - 1C0 + COACH DÉPART + TIR

2 files de joueurs avec ballon au milieu du terrain à chaque panier avec le coach au milieu. Le joueur, en même temps qu'il dribble, se tient prêt à exécuter un changement de main et une passe après le dribble au coach quand celui-ci demande la balle ; ensuite il court au panier, reçoit la passe en retour et exécute un départ en dribble puis un tir que choisit l'entraîneur (double pas, power lay-up, lay-back, tir en appui etc.).

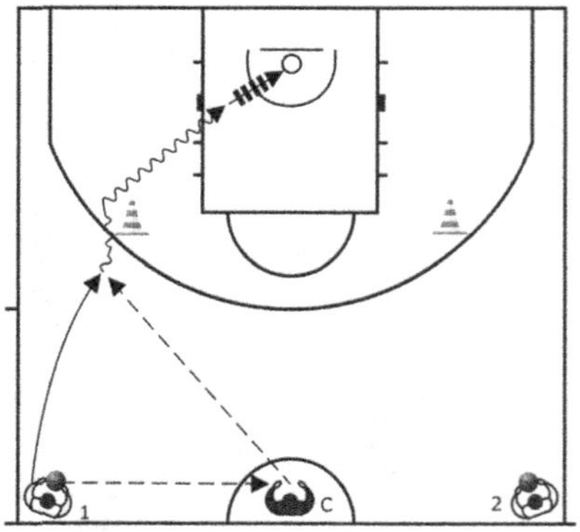

EXERCICE 15 - 1CO + COACH DÉPART + TIR

Variante couper + tir : deux files sous le panier, le coach en appui en position de meneur, deux joueurs partent ensemble en checkant leur ballon, ils arrivent au niveau de l'aile et passent le ballon au coach à son signal ; le joueur qui fait la passe au coach coupe vers le panier et reçoit la passe du joueur qui a encore la balle en main. Le joueur qui fait la seconde passe coupe vers le panier et reçoit la passe du coach.

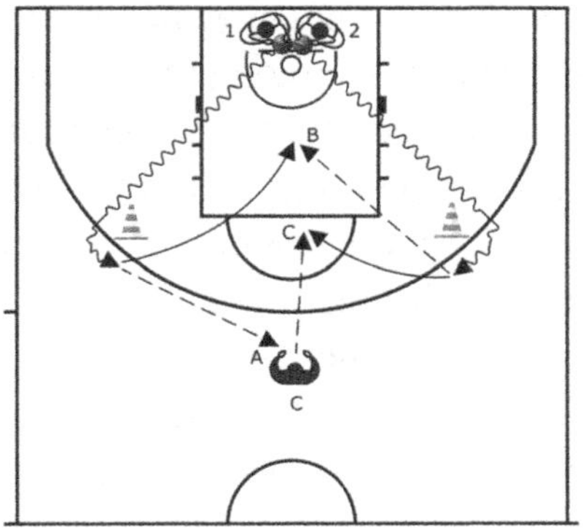

EXERCICE 16 - DÉPART EN DRIBBLE ET IMPULSION

Nous entraînons les joueurs au premier dribble pour battre le défenseur avec le ballon, situé comme sur le diagramme. Le travail dure 30 secondes, le joueur avec ballon exécute un départ croisé avec un dribble (fort et long), et une fois arrivé au plot d'en face il change de main derrière le dos pour trouver l'équilibre et fait un dribble successif latéral avant de revenir à la position initiale. Il fera de même du côté opposé.

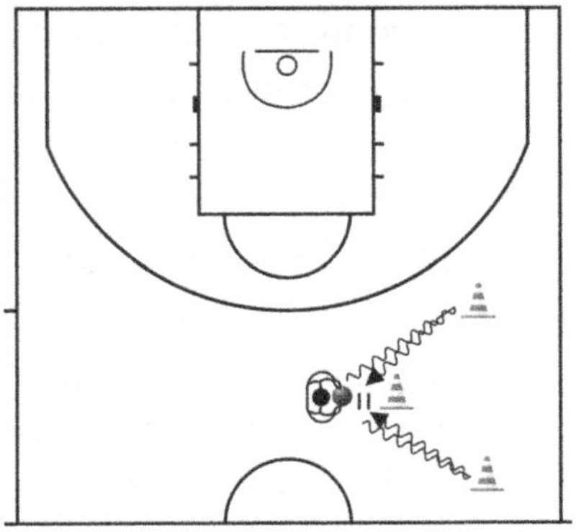

Points fondamentaux : être fléchi sur les jambes, équilibre, impulsion des pieds, maîtrise du dribble, positionnement de la main sur le ballon.

EXERCICE 17 - 1C0 LECTURE DE L'ESPACE

2 files de joueurs avec ballon au poste de meneur, épaule contre épaule. Les premiers joueurs de chaque file checkent avec leur ballon et exécutent un départ en dribble, dépassent les plots en dribblant avant d'aller au panier, le premier qui arrive tire en course, le second s'arrête et tire avant de rentrer dans la raquette, à mi-distance. Le joueur qui marque en premier gagne un point.

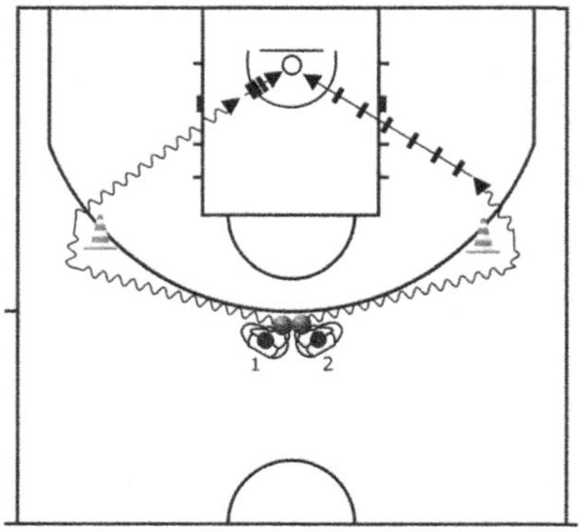

EXERCICE 18 - 1C0 DÉPART AVEC CHAISE

2 files de joueurs avec ballon à l'aile, le coach en appui au poste de meneur devant une chaise. Le joueur attaque le panier, revient en arrière avec un dribble de recul, change de main et fait une passe au coach. Le coach pose le ballon sur la chaise, le joueur sprinte pour la reprendre, exécute un départ en dribble et un tir choisi par l'entraîneur (double pas, power lay-up, lay-back, tir en appui etc.).

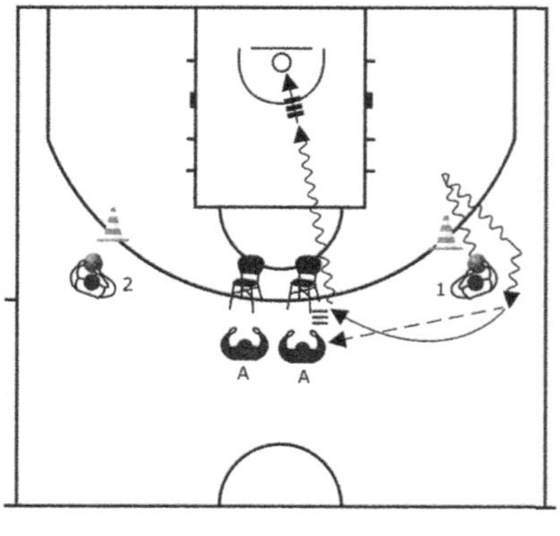

EXERCICE 19 - 1C0 DÉPART AVEC CHAISE

Variante : après la passe au coach, le joueur coupe vers le panier et reçoit la passe du coach.

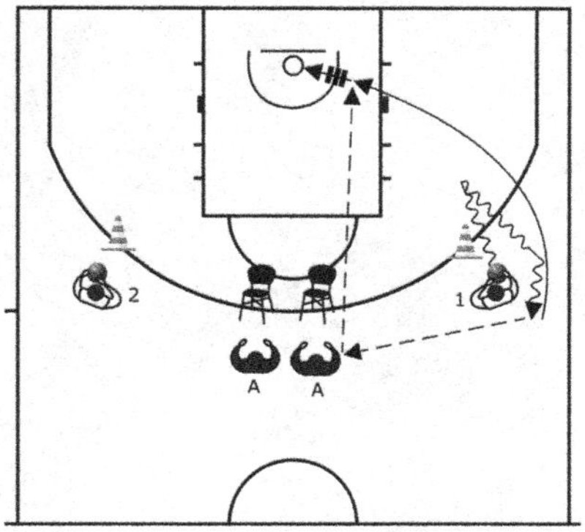

> "Pour nous, être organisés en défense, cela signifie récupérer et arrêter le ballon le plus loin possible du panier, empêcher les paniers faciles et gêner les tireurs".
> *Dick Bennett*

GREEN
14
USA
12
10

3. EXERCICES POUR LE DRIBBLE ET TIR

EXERCICE 20 - DRIBBLE ET TIR

Une file avec ballon. Le joueur part en dribble et slalome entre les plots comme sur le diagramme. Il est essentiel de donner de l'importance au positionnement de la main sur le ballon en phase d'accélération et de recul. Une fois le parcours en dribble effectué en essayant de maintenir le contrôle de la balle, le joueur change de vitesse après le dernier plot et termine par un arrêt et un tir.

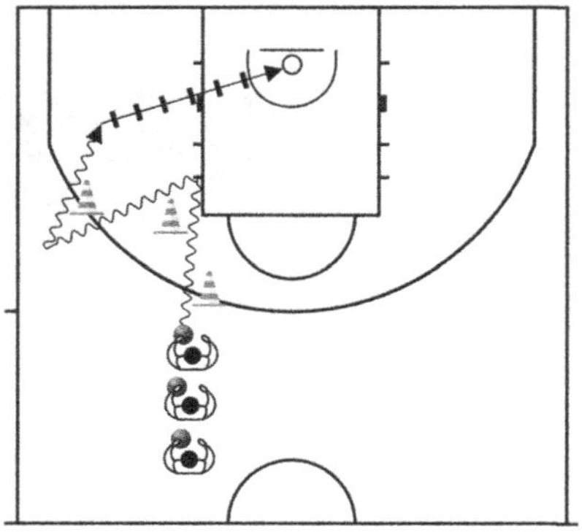

EXERCICE 21 - DRIBBLE ET TIR

Le joueur part en dribble avec la main intérieure et attaque la première chaise, il exécute deux changements de main consécutifs entre les jambes sur place. La main qui ne dribble pas va toucher la chaise en face. Une fois le travail fini avec la première chaise, il attaque la seconde en exécutant un dernier changement de main derrière le dos pour attaquer le panier et terminer par un arrêt et un tir.

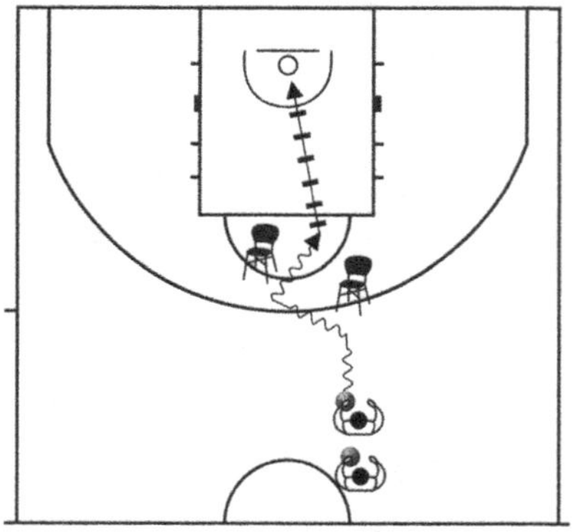

- Les changements de main doivent être rapides.
- Maintenir le dribble bas.
- Effectuer l'exercice des deux côtés du panier.

EXERCICE 22 - DRIBBLE ET TIR

Une file de joueurs à l'aile avec ballon. Le joueur, partant avec la main extérieure, effectue trois changements de main entre les jambes sur place pour ensuite attaquer les plots positionnés à l'angle de la raquette où il effectue un autre changement de main entre les jambes et termine par un arrêt et un tir vers la ligne de fond.

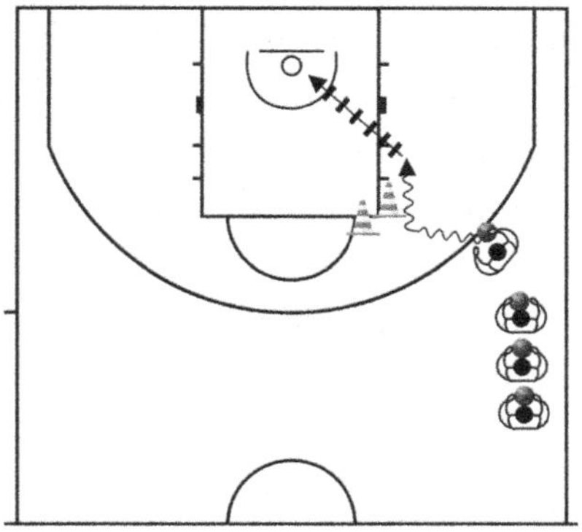

Variante : le joueur fait, avec la main intérieure, trois dribbles sur place tout en faisant du tipping sur la ligne des trois points ; il attaque ensuite les plots positionnés à l'angle de la raquette où il effectue deux changements de main (frontal et entre les jambes) et attaque en s'arrêtant et tirant vers le centre.

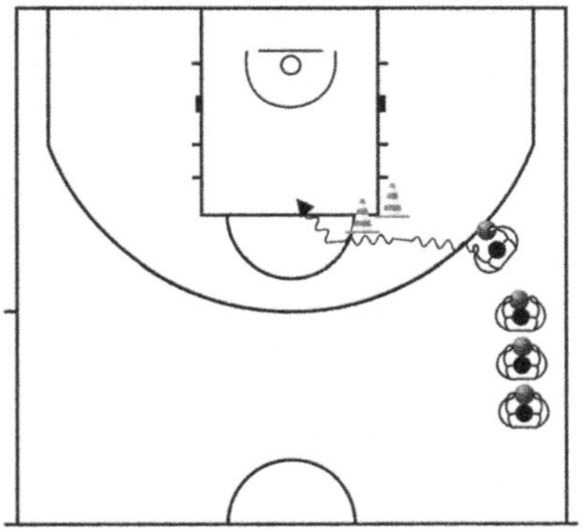

> « Si vous écoutez et apprenez, vous gagnerez des matchs de basket et, messieurs, gagner là-dedans c'est la clé pour gagner là-dehors ! »
> ***Ken Carter***

EXERCICE 23 - 1VS0 DRIBBLE LATÉRAL

Le joueur attaque le panier avec la main extérieure. Au premier plot sur la ligne des trois points il marque un arrêt d'hésitation, il s'écarte jusqu'au second plot en glissant pendant qu'il dribble et attaque à nouveau le panier en finissant en power lay-up ou en tir en appui.

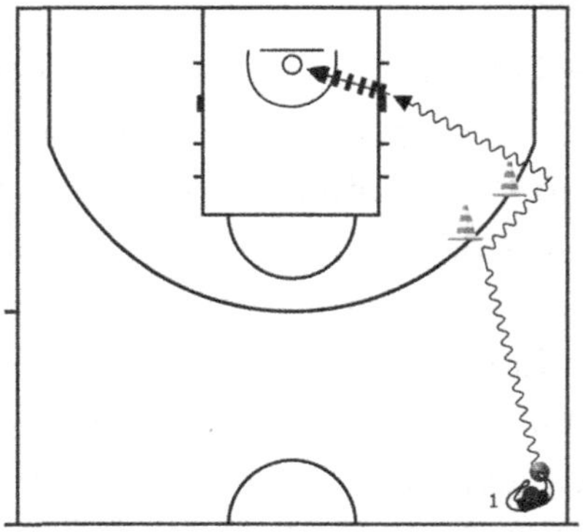

EXERCICE 24 - 1VS0 DRIBBLE DE RECUL SPÉCIAL

Le joueur attaque le panier avec la main extérieure, il s'arrête au plot positionné sur la ligne des trois points en faisant un dribble entre ses jambes même main même pied, puis fait deux dribbles de recul et exécute un crossover en attaquant à nouveau avec la main extérieure.

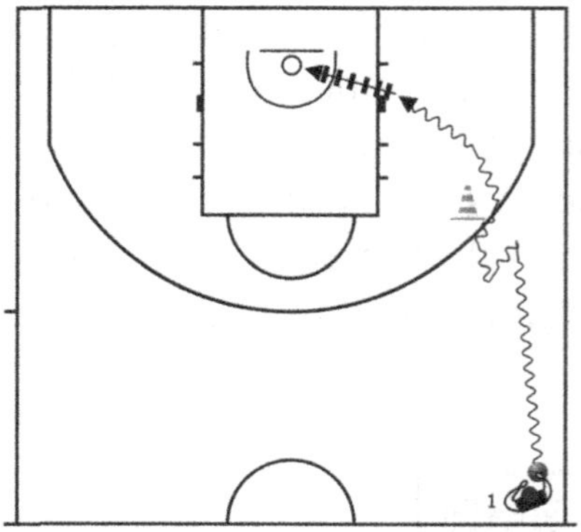

Variante : le joueur exécute un double changement dans le dos, aussi bien pour s'arrêter qu'après les deux dribbles de recul.

EXERCICE 25 - 1VS0 DRIBBLE LATÉRAL

Variante : au second plot, le joueur exécute un changement de main et attaque vers le centre.

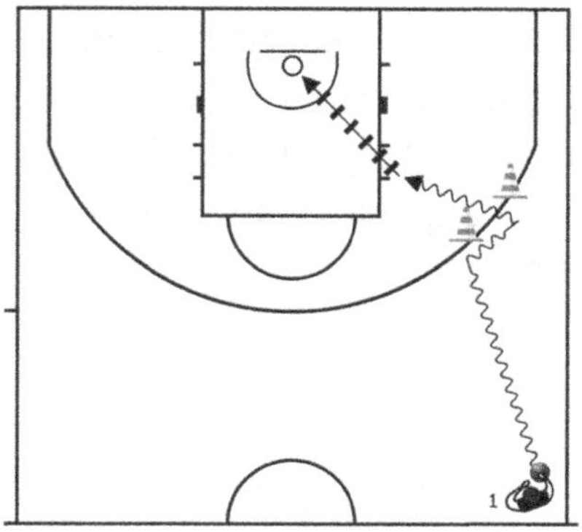

EXERCICE 26 - SKILL DRILL DRIBBLING CROSSOVER + ARRÊT ET TIR

Le joueur effectue avec la main extérieure trois dribbles sur place tout en faisant du tipping sur la ligne des trois points. Il exécute ensuite un double crossover (entre les jambes et dans le dos) et enchaine avec un dribble de glissement vers le plot. Une fois le plot dépassé, il attaque le panier avec deux dribbles et, imaginant l'aide défensive, il recule à nouveau derrière la ligne des trois points pour ensuite réattaquer et finir par un tir en suspension à deux points.

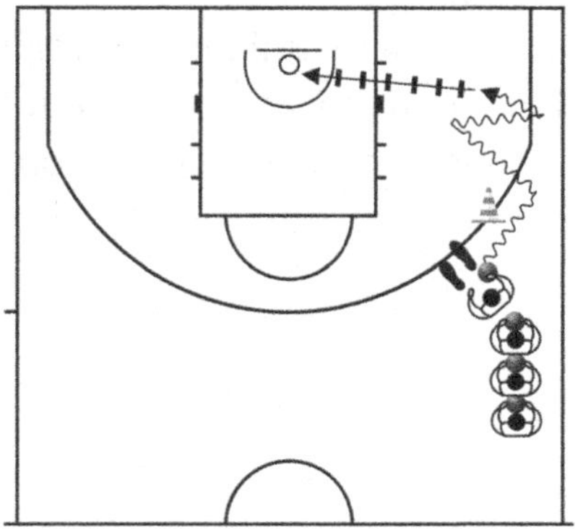

EXERCICE 27 - 1VS0 DRIBBLE DE RECUL

2 files de joueurs avec ballon à l'aile de chaque panier. Le joueur attaque vers le centre, fait deux dribbles de recul, puis change de main et attaque vers la ligne de fond.

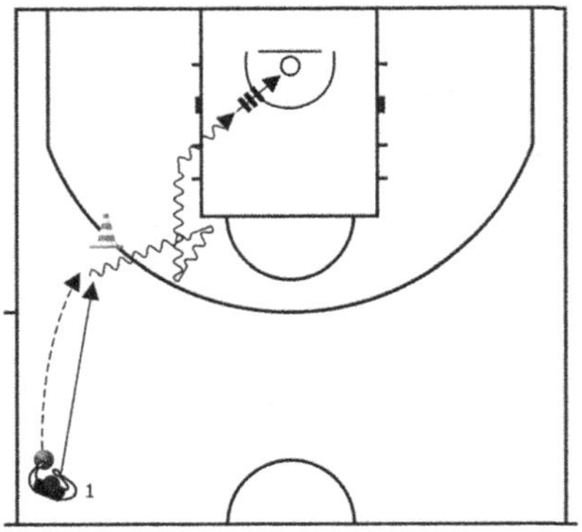

EXERCICE 28 - 1VS0 DRIBBLE DE RECUL

Variante : le joueur attaque vers le fond, fait deux dribbles de recul puis change deux fois de suite de main en attaquant à nouveau vers le fond.

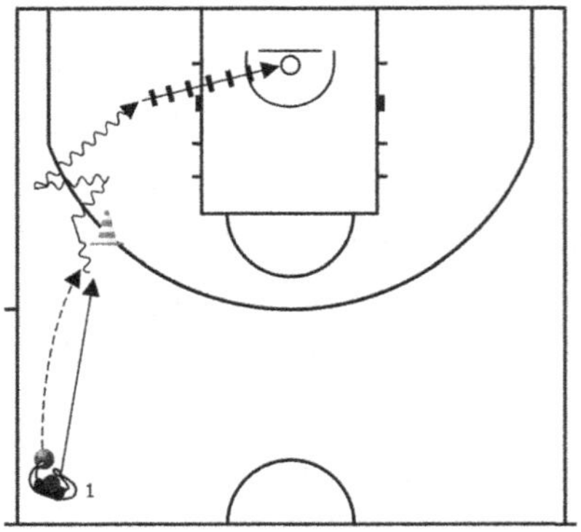

« Quand ce que tu fais sur le terrain attire même l'attention du dernier spectateur tout là-bas au quinzième rang, ça veut dire que tu as bien fait ton travail. »
Isiah Thomas

EXERCICE 29 - 1VS0 TROIS CHANGEMENTS DE MAIN

2 files de joueurs avec ballon au milieu du terrain à chaque panier. Le joueur exécute trois changements de main avant d'aller au panier.

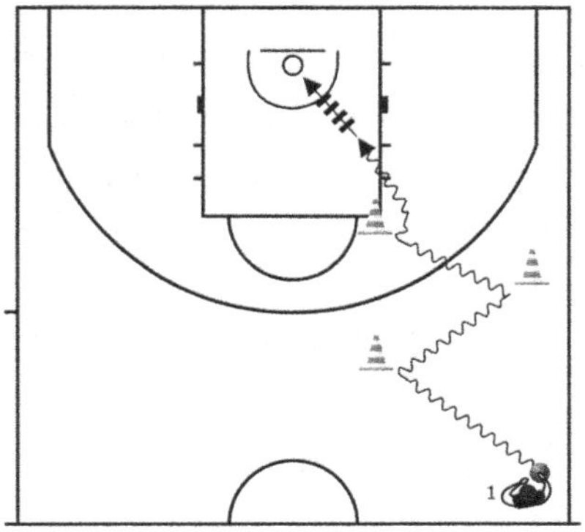

EXERCICE 30 - 1VS0 TROIS CHANGEMENTS DE MAIN

Le joueur fais trois changements de main pour arriver au milieu du terrain, puis trois dribbles en avançant et trois en reculant et longe ensuite entièrement la ligne médiane. Une fois arrivé sur la ligne latérale, il effectue un virage. Enfin, il exécute un dernier changement de main à hauteur du lancer-franc, en finissant par un tir choisi par l'entraîneur.

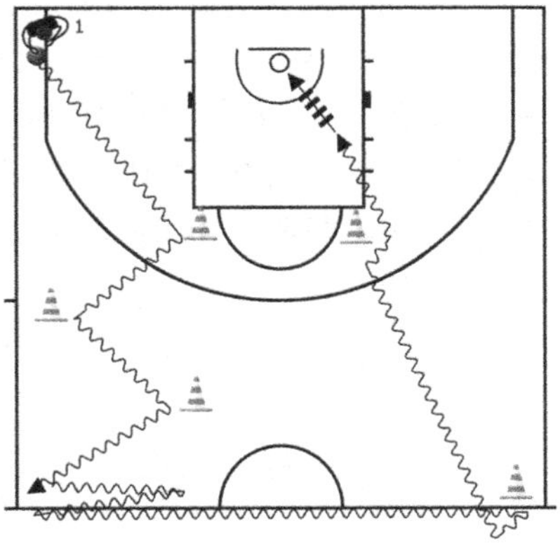

« Vouloir gagner ne suffit pas : il faut refuser de perdre ».
Larry Bird

EXERCICE 31 - DRIBBLE + CHANGEMENT DE MAIN + ARRÊT ET TIR

Le joueur effectue un double changement de main devant les deux premiers plots et fait le tour du dernier de manière à faire face au panier et tirer à l'arrêt.

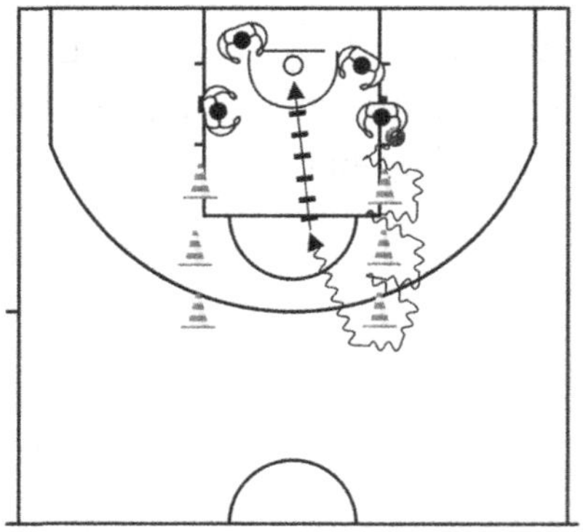

Après le tir, il reçoit la balle du même côté au poste de meneur, derrière la ligne des trois points, devant les plots et réalise trois doubles changements de main puis il s'arrête et tire hors de la bouteille. Il fera la même chose du côté opposé en effectuant au total quatre tirs. Celui qui marque le plus de paniers en moins de temps possible a gagné.

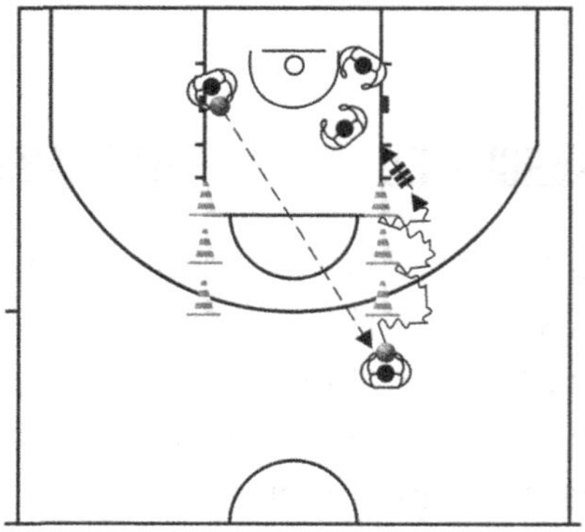

EXERCICE 32 - CROSSOVER + ARRÊT ET TIR

Le joueur fait du ball handling en dribblant autour de l'obstacle près de la balle (il franchit deux fois l'obstacle juste avec le ballon) + double changement de main de retour sur place (entre les jambes + dans le dos) + départ et finition avec un tir en course.

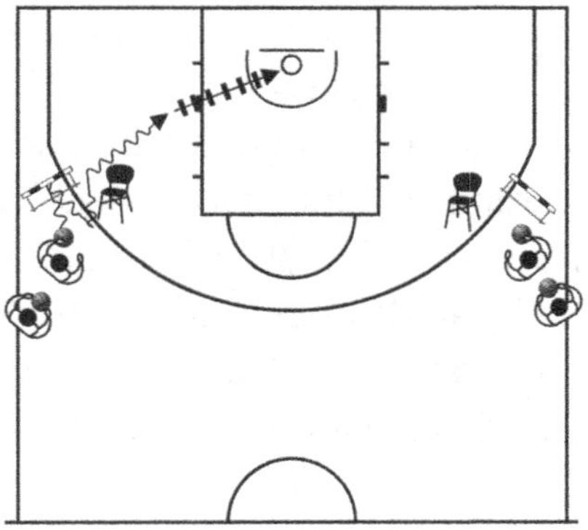

EXERCICE 33 - DRIBBLE - HÉSITATION

Le joueur, en partant avec la main gauche, effectue trois changements de main consécutifs entre les jambes sur place. Il attaque en dribble le plot latéral et, après l'avoir touché avec la main libre, il effectue un virage en se dirigeant vers le panier. À hauteur des deux plots (voir le diagramme), il fera un mouvement d'hésitation pour ensuite attaquer le panier en tir en course ou en arrêt et tir.

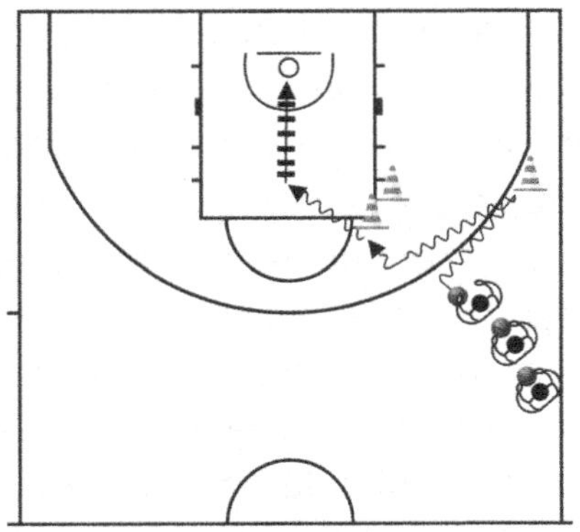

EXERCICE 34 - DEXTÉRITÉ DU DRIBBLE

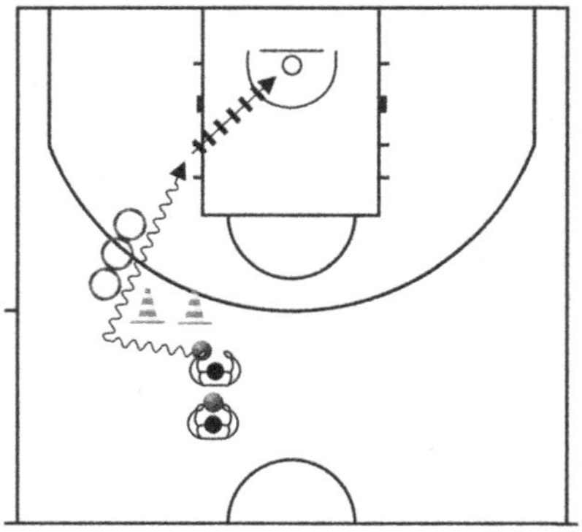

Tous avec ballon. Le joueur effectue une auto-passe et dribble latéralement devant les plots (comme sur le diagramme). Une fois arrivé devant les cerceaux, il les attaque d'un dribble bas et rapide pour finir en double pas. Impulsion des pieds et positionnement de la main sur le ballon.

EXERCICE 35 - PARCOURS EN DRIBBLE + CROSSOVERS

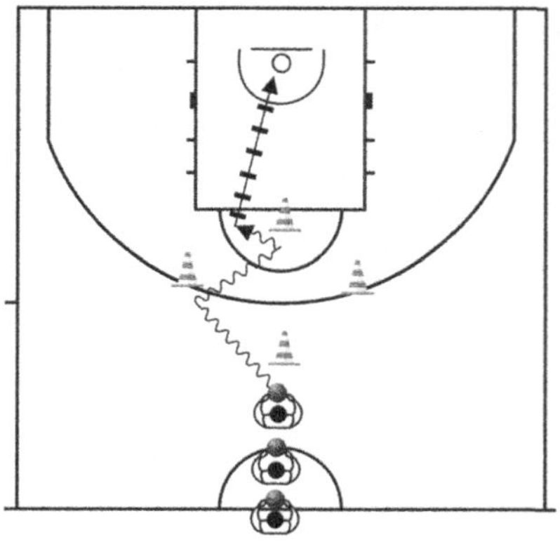

Une file avec ballon devant le premier plot en position de meneur. Le joueur change trois fois de main entre les jambes sur place, après le troisième changement de main il attaque le plot latéral avec un autre changement de main entre les jambes et fait ensuite la même chose avec le dernier plot central. Il termine le parcours en exécutant un long dribble pour finir en arrêt et tir.

EXERCICE 36 – TRAVAIL POUR LE DRIBBLE + TIR EN COURSE

Le joueur attaque l'angle de la raquette en effectuant trois changements de main (frontal-entre les jambes-dans le dos) puis attaque le panier en finissant avec un tir en course au centre.

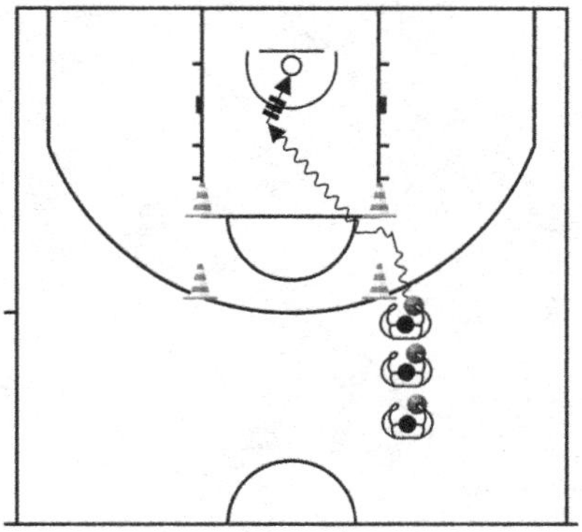

« L'attaque est espace et l'espace est attaque ».
Chuck Daly

2020
27

4. EXERCICES POUR LE TIR

EXERCICE 37 - CONCOURS DE TIR À TROIS JOUEURS

Joueur 1 dans l'angle avec ballon, joueur 2 sous le panier avec ballon, joueur 3 à l'aile (sans ballon). 1 tire et sprinte pour récupérer le rebond. 2 pendant ce temps fait une passe au joueur 3 et va gêner le tir (bras levés sans sauter, les contacts ne sont pas admis) ; 3 suit son tir pour récupérer le rebond.

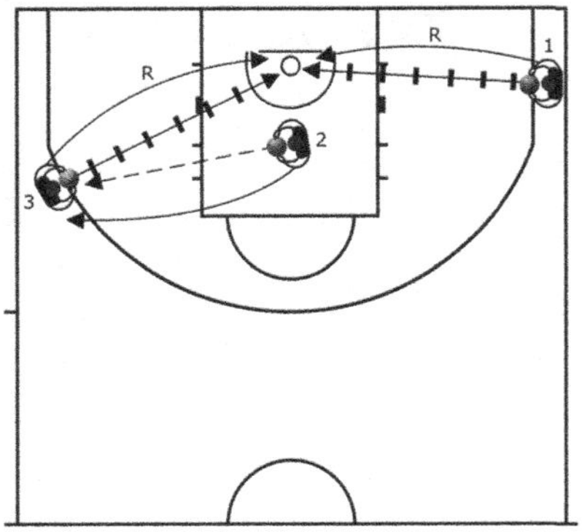

EXERCICE 38 - BALLE QUI ROULE ET TIR

2 files de joueurs avec ballon sur la ligne de fond à chaque panier à hauteur de la raquette. Le joueur fait rouler le ballon par terre le long de la ligne latérale de la raquette, la prend, positionne ses pieds en direction du panier et exécute un tir en appui avec un petit saut. Le joueur fait trois tirs de chaque côté de la raquette en augmentant la distance.

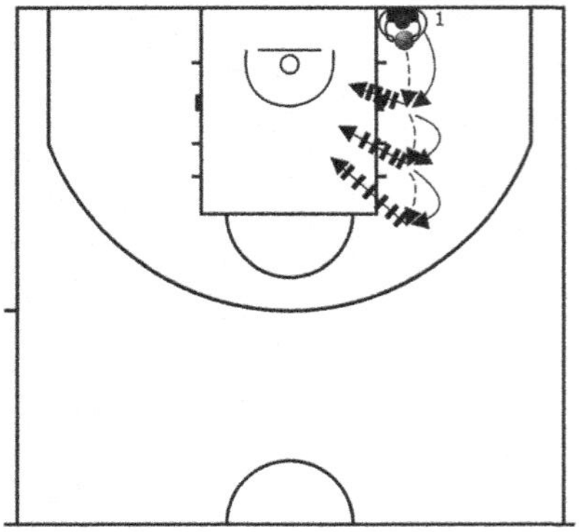

« Celui qui a le courage de prendre des décisions, deviendra un joueur... celui qui sait prendre les bonnes, restera à jamais une légende »
Kobe Bryant

EXERCICE 39 – CINQ EXERCICES DE TIR

Tous les joueurs avec ballon, répartis sur les deux paniers. Le joueur exécute un tir en tenant le ballon seulement avec la main forte dans une position correcte (lay-up); puis en tenant le ballon également avec la seconde main; et il exécute un tir à l'arrêt ...

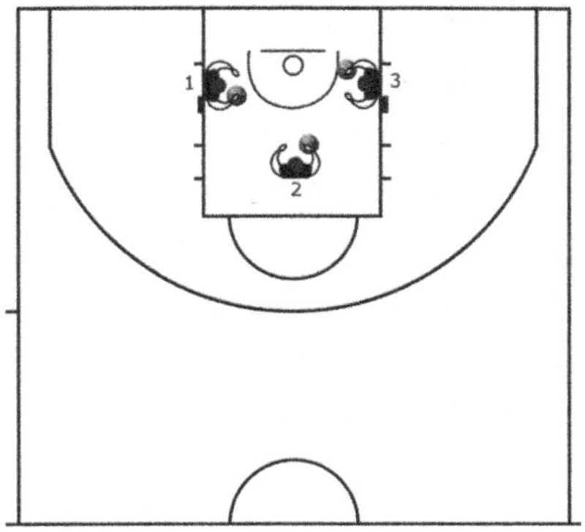

... puis il tire après une auto-passe en arrêt simultané...

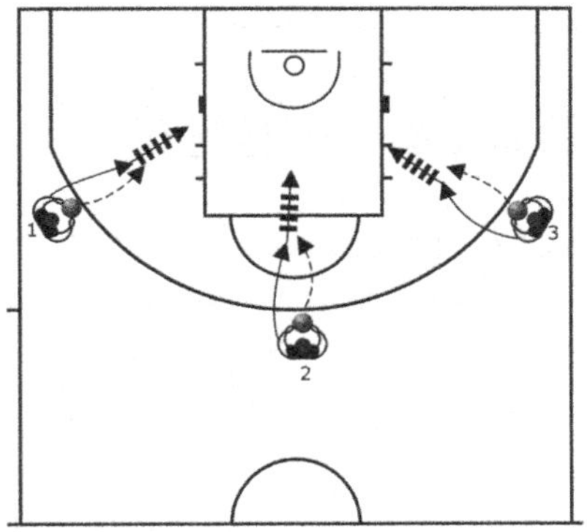

... enfin, il exécute un tir après un départ en dribble.

Trois minutes pour chaque exercice, quinze minutes en tout.

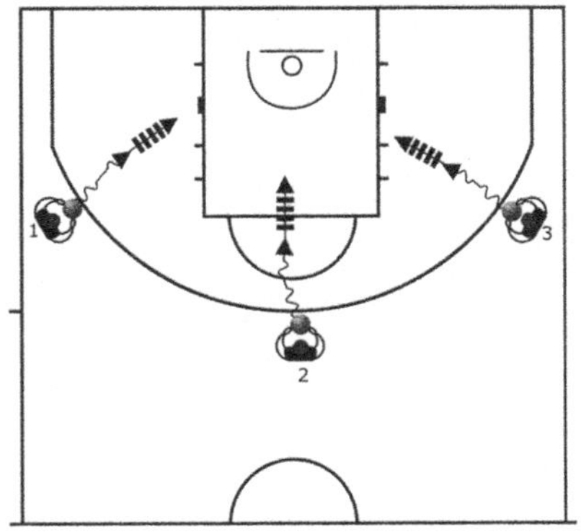

EXERCICE 40 - JE COURS + JE TIRE

2 files de joueurs avec ballon sur la ligne latérale à hauteur du lancer-franc à chaque panier. Le joueur court avec le ballon dans les mains vers le milieu du terrain sans dribbler et exécute un arrêt alternatif à hauteur du lancer-franc, il fait face au panier et tire en suspension.

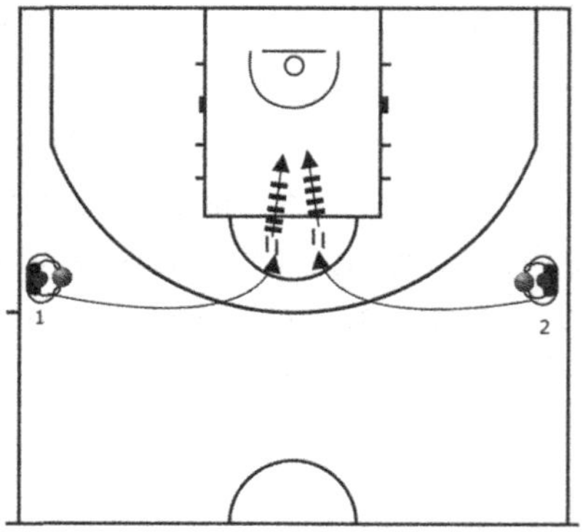

EXERCICE 41 - RYTHME TIR

2 files de joueurs avec ballon au milieu du terrain pour chaque panier. Le joueur exécute trois dribbles vers le panier avec la main extérieure, tous au même rythme, à la même vitesse. Au quatrième, au lieu de dribbler, il s'arrête et tire.

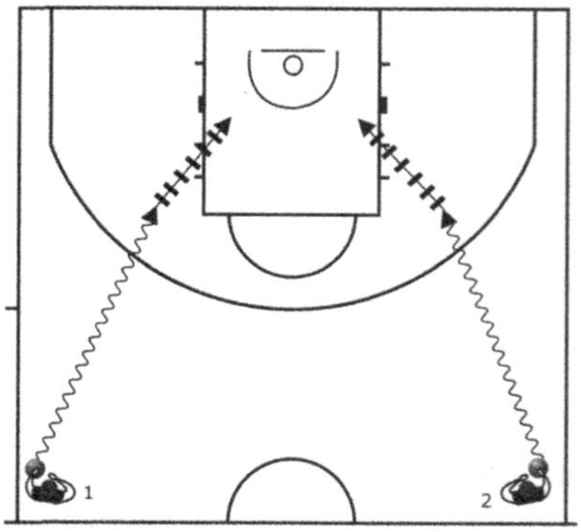

EXERCICE 42 - TIR EN SUSPENSION

2 files de joueurs avec ballon au poste d'intérieur à chaque panier. Le joueur exécute deux sauts sur place le ballon en l'air, au troisième il tire en suspension.

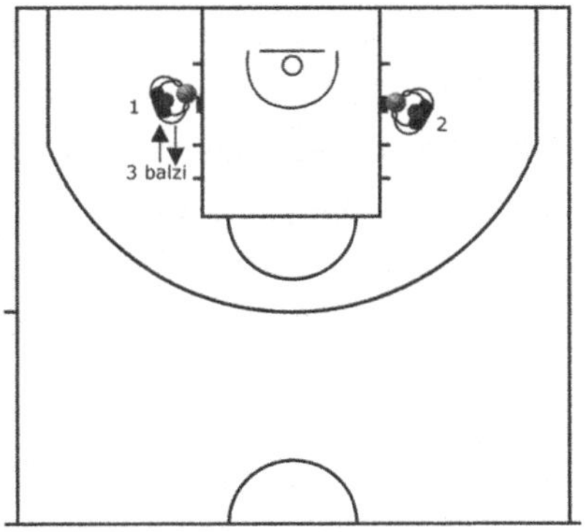

Variante : le joueur part de la ligne des trois points, exécute deux sauts en avançant vers le panier, au troisième il tire en suspension.

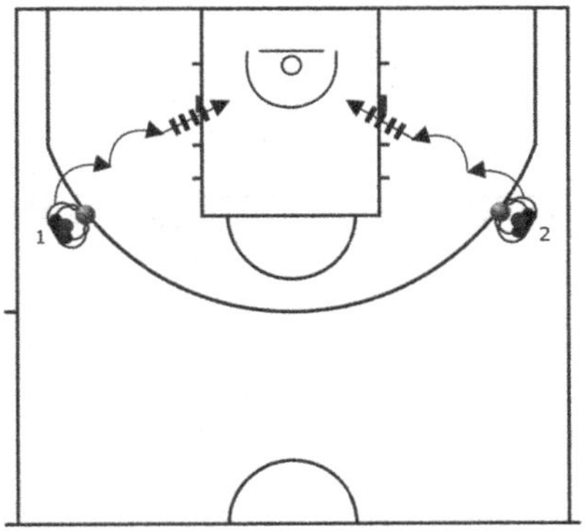

EXERCICE 43 - TOUR À 180 + TIR EN SUSPENSION

2 files de joueurs avec ballon à l'angle de la ligne de lancer-franc à chaque panier. Le joueur exécute un tour à 180° degrés avec les deux pieds, revient dans sa position initiale et tire en suspension. Une fois vers la droite, une fois vers la gauche.

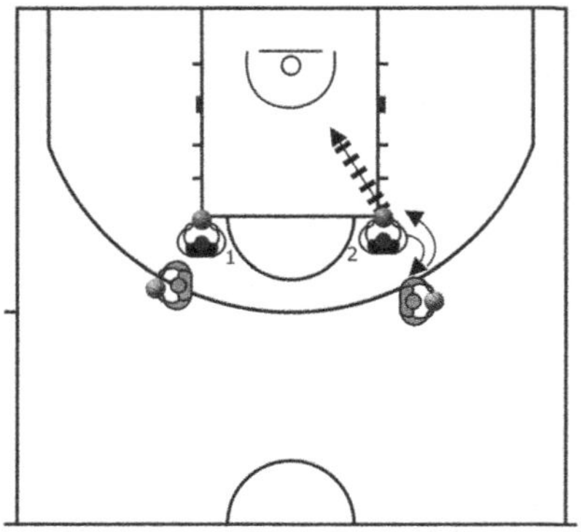

EXERCICE 44 - FOOTWORK + TIR EN SUSPENSION

Joueur avec ballon à hauteur du lancer-franc, coach en appui sous le panier. Le joueur passe la balle au coach, exécute un footwork, et court prendre le ballon lancé par le coach. Il aligne ses pieds avec le panier et tire en suspension.

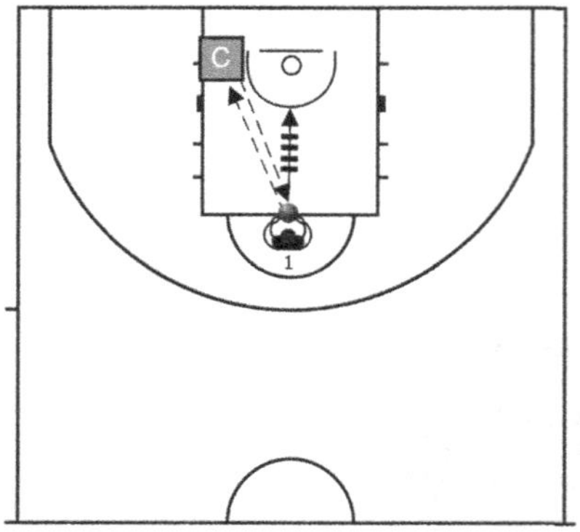

EXERCICE 45 – TIR APRÈS UNE PASSE

2 files de joueurs avec ballon au milieu du terrain à chaque panier, un appui sans ballon au centre. Le joueur avec ballon fait une passe à l'appui, court à l'aile, reçoit la passe en retour, exécute un arrêt alternatif et tire. L'appui, après cinq passages, demande le changement.

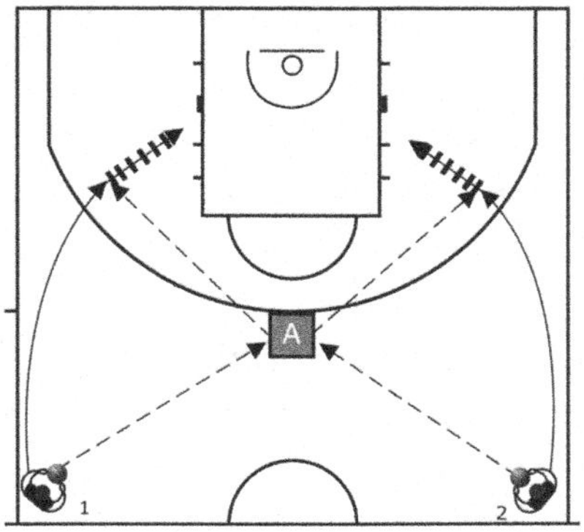

Variante : les files partent de la ligne de fond avec l'appui toujours au centre.

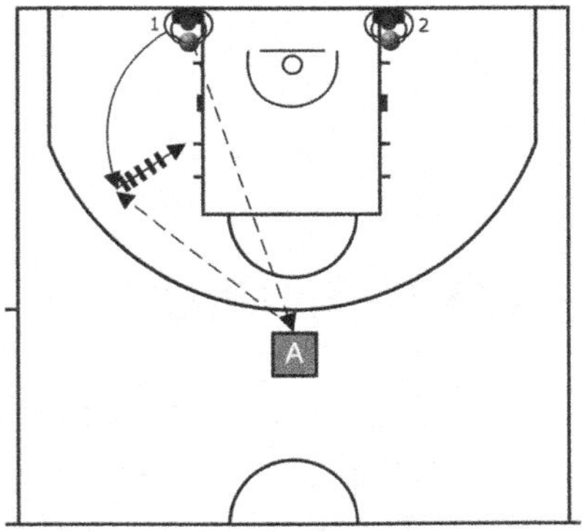

Seconde variante : la file avec ballon part à l'aile, avec appui à l'aile opposée.

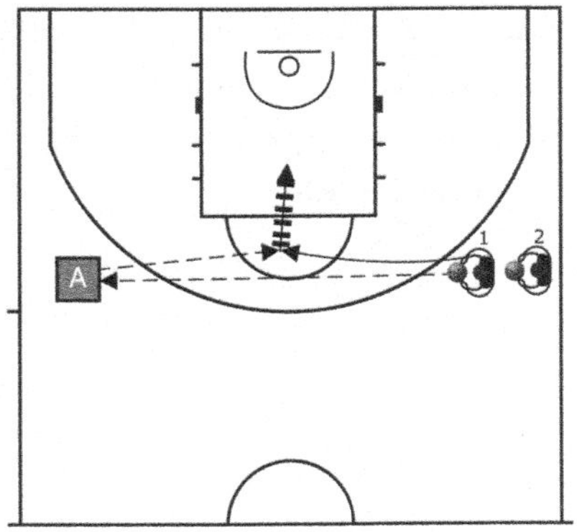

EXERCICE 46 - DOUBLE TIR AVEC DEUX BALLONS

Une file de joueurs avec 2 ballons au milieu du terrain à chaque panier, coach en appui à l'aile. Le joueur dribble avec deux ballons vers la ligne des trois points, avec la main droite il fait une passe au coach, avec la main gauche il fait un dribble vers le centre puis il s'arrête et tire. Après le tir il court vers le coach, reçoit la passe, fait un arrêt alternatif et tire à nouveau.

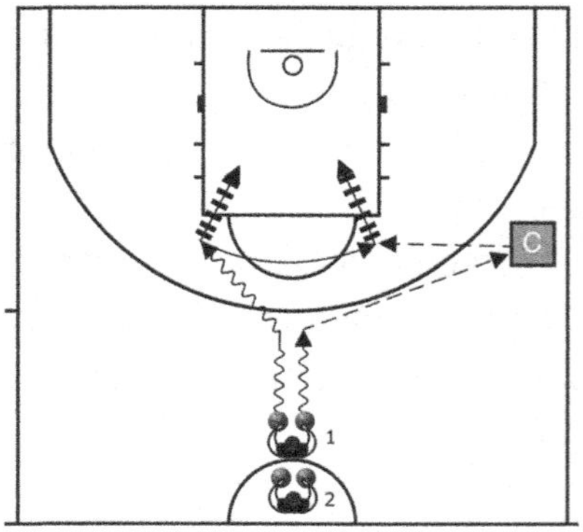

EXERCICE 47 - TIR EN DUO

Deux par deux, un ballon par duo. Un joueur tire, l'autre va au rebond. Après 5, 10 ou 20 tirs (selon le niveau des joueurs) ils changent. Le joueur qui tire doit exécuter des petits déplacements latéraux (comme s'il donnait une ligne de passe au coéquipier), avant de recevoir le ballon et tirer.

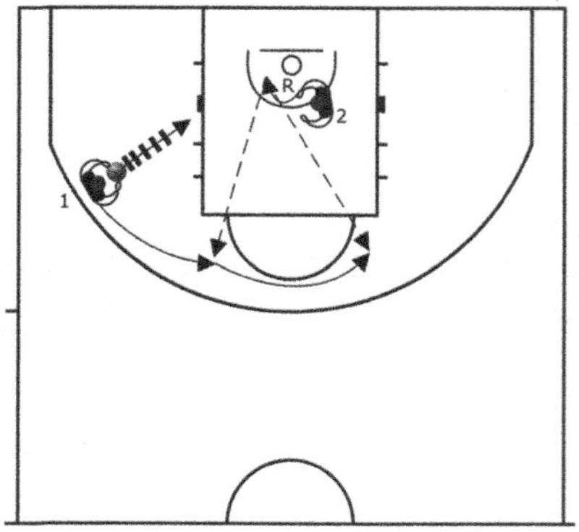

EXERCICE 48 - TIR EN CONTINUITÉ

2 files de joueurs, une dans l'angle et une à l'aile du même côté, tous avec ballon sauf le premier de la file à l'angle. Le joueur sans ballon à l'angle court près de la ligne de fond et reçoit la passe, à hauteur de la moitié de l'angle opposé, du joueur qui partait de l'aile et qui l'a suivi le long de la ligne des trois points en dribblant. Le joueur qui a fait la passe, après celle-ci, court vers la file à l'angle, reçoit la passe du premier de la file et tire. En continuité.

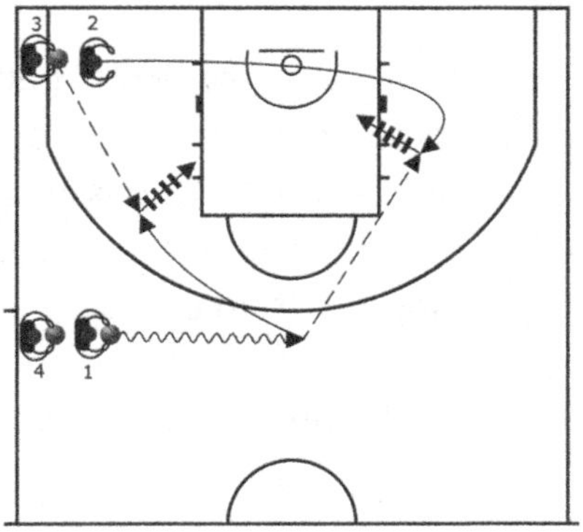

EXERCICE 49 - EXERCICE DE TIR À L'ANGLE DE LA RAQUETTE

Exercice de tir, après chaque tir à l'angle de la raquette le joueur court toucher la ligne latérale opposée.

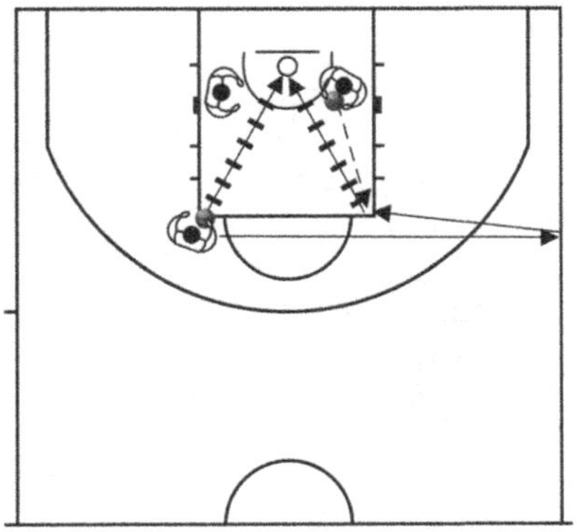

EXERCICE 50 - TIR EN COURSE EN CONTRE-ATTAQUE

Une file de joueurs avec ballon à l'angle au fond du terrain, travail de sprint avec ballon, auto-passe jusqu'à l'autre bout du terrain et réception avec finition en tir en course.

Essayer d'aller au panier sans dribbler.

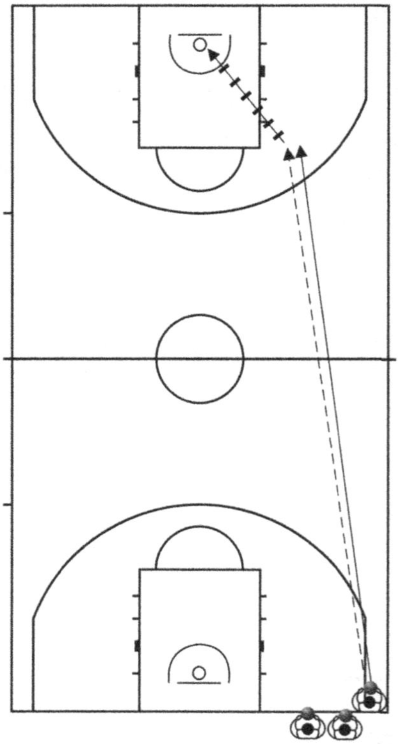

« Nous cherchons toujours à améliorer les petites choses, parce que les petites choses mènent aux grandes choses. »
Steve Alford

EXERCICE 51 – CONCOURS DE TIR +3 -1

Deux équipes, une par panier, trois ballons par équipe, les joueurs partent à l'aile. Chaque joueur effectue un tir, s'il marque son équipe gagne trois points, s'il rate elle en perd un (on va aussi en-dessous de zéro). La première équipe qui réalise 10 ou 20 points (selon le niveau des joueurs) à chacune des trois positions de la moitié de terrain (aile droite, centre, aile gauche) gagne.

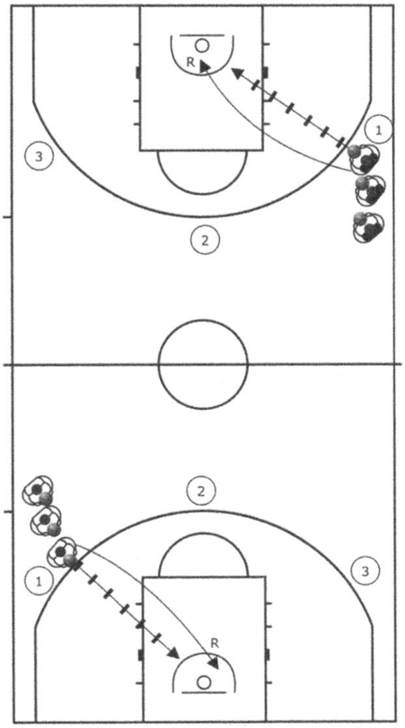

EXERCICE 52 - CONCOURS DE LANCER-FRANC

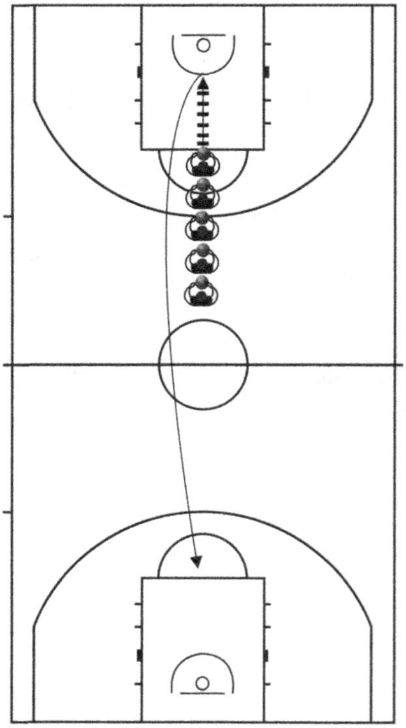

Tous les joueurs avec un ballon, en file derrière la ligne de lancer-franc à un panier. Le panier où tous les joueurs tirent leur premier lancer-franc est celui des vainqueurs, on y tire seulement une fois. Si le joueur marque son lancer-franc il reste là où il se trouve, en revanche s'il le rate il doit aller à l'autre panier, celui des perdants, où il doit faire 2/2 ou 3/3 ou 5/5 (selon le niveau des joueurs, ou selon le temps qui passe) pour pouvoir retourner au panier des vainqueurs. Le dernier qui reste au panier des vainqueurs, et marque le panier, remporte la victoire. Si le dernier rate son tir, étant donné que tous les autres joueurs sont au panier des perdants, c'est donc celui qui réussit en premier à faire 2/2 ou 3/3 ou 5/5 (selon ce qui a été décidé) et marque également son tir au panier des vainqueurs qui gagne le concours.

EXERCICE 53 - EXERCICE DE TIR

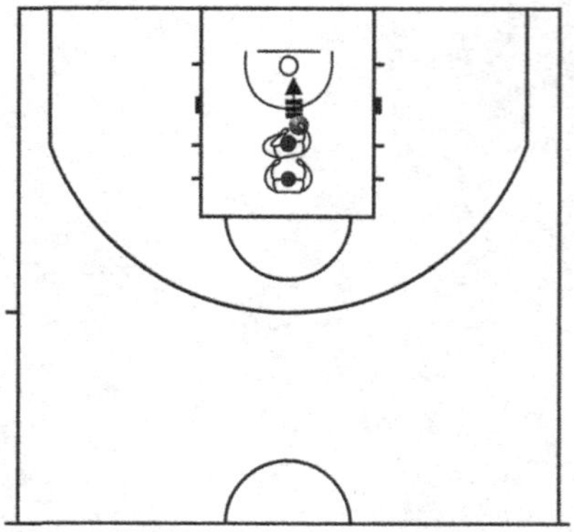

Joueurs deux par deux près du panier, un avec ballon : le joueur avec ballon doit exécuter un tir pendant que son coéquipier, par derrière, le bloque à hauteur de la taille pour éviter qu'il puisse utiliser ses jambes.

EXERCICE 54 - EXERCICE DE TIR

Une file de joueurs, le premier avec ballon, à l'angle de la raquette, un joueur sans ballon en ouverture et un défenseur sur le premier joueur avec ballon : 1 tire, 2 gêne le tir, fait un écran de retard, va au rebond et effectue une passe d'ouverture à 3 qui passe la balle au premier joueur sans ballon. 1 défend, 2 va en ouverture, 3 fait la queue derrière la file.

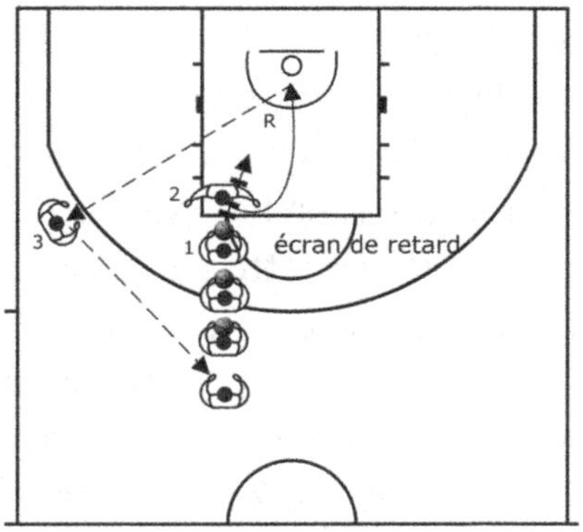

EXERCICE 55 - EXERCICE DE TIR

Deux joueurs avec ballon et un tireur à l'angle : les joueurs avec ballon le passent alternativement au tireur et gênent le tir à 50%, puis vont au rebond ; le tireur après chaque tir change de position.

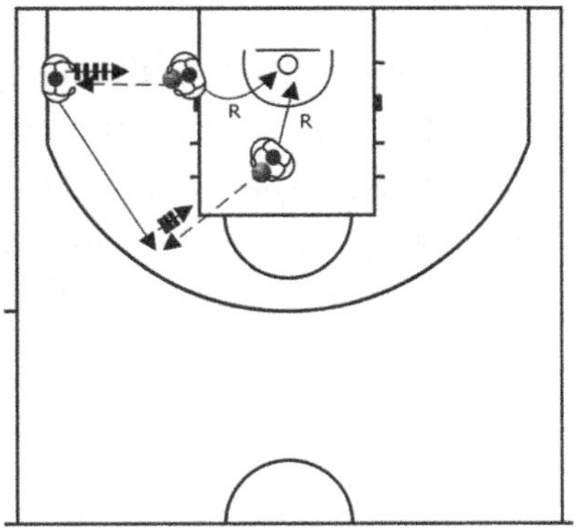

EXERCICE 56 - EXERCICE DE TIR

Une file de joueurs, tous avec ballon, sur la ligne de fond en correspondance avec la ligne des trois secondes, deux joueurs sans ballon sur les angles hauts de la raquette : 1 passe la balle à 2 qui la passe à 3 ; 1, après sa passe, coupe sous le panier et reçoit la balle de 3 du côté opposé pour recevoir et tirer pendant que 2 gêne le tir.

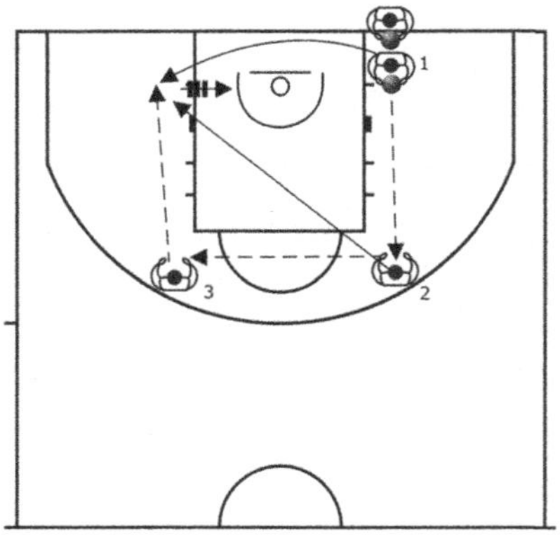

EXERCICE 57 - EXERCICE DE TIR

Un joueur en position centrale avec ballon et deux joueurs à l'aile : 1 fait une passe à 2 et le suit pour recevoir une passe de la main à la main (hand off) pendant que 3 court vers la ligne de lancer-franc ; 1 passe à 3 qui tire pendant que 2 court pour le gêner.

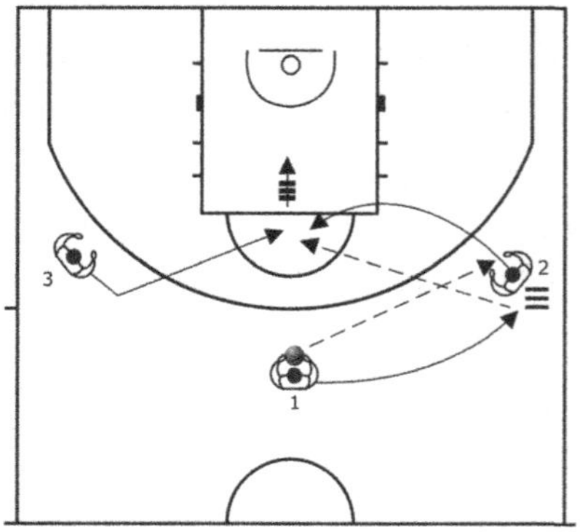

EXERCICE 58 – EXERCICE DE TIR

Un joueur central avec ballon, un sous le panier et un en position latérale du côté droit : 1 dribble sur le côté, s'arrête et tire pendant que 2 le pousse latéralement. Après le tir, 1 court sur la ligne de lancer-franc pour recevoir la passe de 3, qui a pris le rebond, et tirer pendant que 3 gêne le tir ; 2 va au rebond.

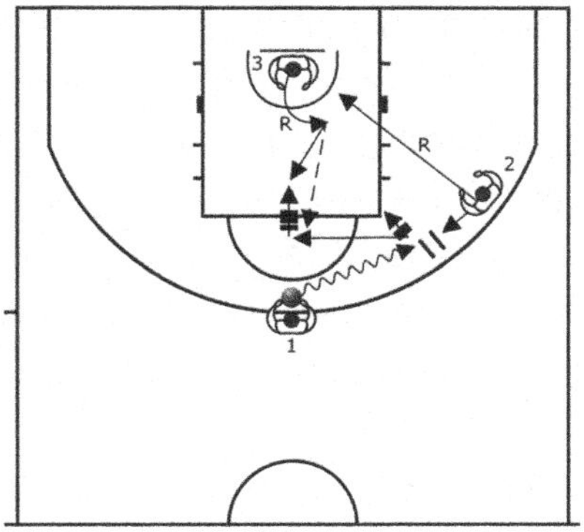

EXERCICE 59 – EXERCICE DE TIR

Joueurs deux par deux, un avec ballon sous le panier et un qui se déplace d'un côté à l'autre : quand il le veut, le joueur avec ballon fait une passe à son coéquipier qui s'arrête et tire ; après 3 tirs les joueurs échangent les rôles.

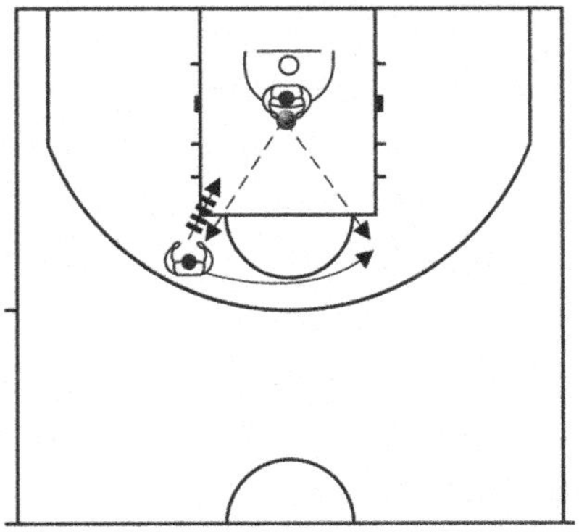

« Les entraîneurs peuvent parler et reparler de n'importe quelle chose, mais si nous essayons concrètement, après avoir montré un exercice, de l'appliquer sur le terrain, c'est sûrement beaucoup plus efficace. »
Larry Bird

EXERCICE 60 - EXERCICE DE TIR

Joueurs deux par deux, un avec ballon et un en défense : le joueur en attaque tire, le défenseur fait un écran de retard ; il va ensuite au rebond et tire à l'endroit où il a récupéré la balle (même si le panier a été marqué) ; après avoir tiré, il court vers la position externe pour recevoir la passe de l'autre joueur qui, entre temps, a récupéré le rebond, et tire.

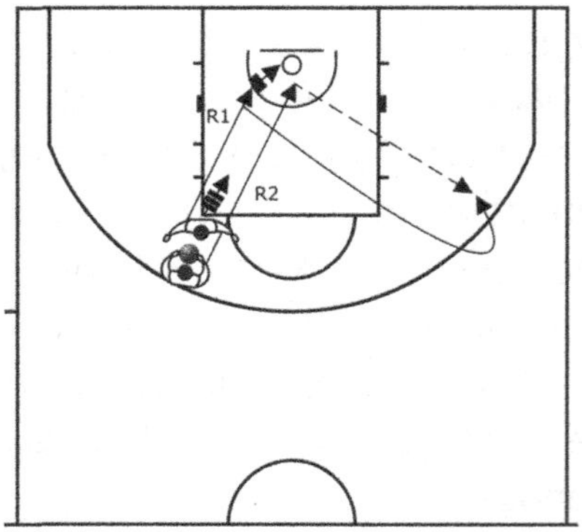

- -

EXERCICE 61 - EXERCICE DE TIR

Joueurs trois par trois, un avec ballon sous le panier, un en position frontale et centrale, un tireur qui se déplace d'un angle à l'autre de la raquette : 1 passe le ballon à 3 qui le passe à 2 qui fait face au panier et tire ; après un certain nombre de tirs, les joueurs échangent de rôle.

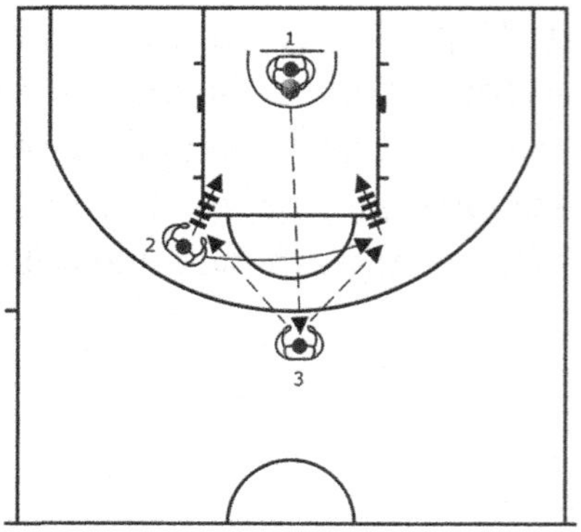

EXERCICE 62 - EXERCICE DE TIR

Comme l'exercice précédent avec le tireur qui, pour recevoir la balle, fait un tour en courant.

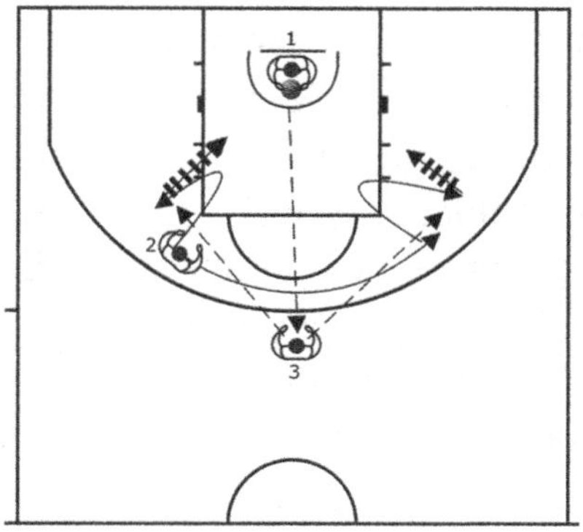

EXERCICE 63 - EXERCICE DE TIR

Joueurs quatre par quatre, 1 avec ballon en position frontale et centrale, 2 et 4 en position latérale, 3 sous le panier : 1 part en dribble en se déplaçant du côté de 2, puis s'arrête et tire pendant que 2 gêne le tir latéralement ; 3 prend le rebond et fait la passe à 1 qui s'est décalé vers le centre, il reçoit et tire pendant que 3 court pour gêner ;

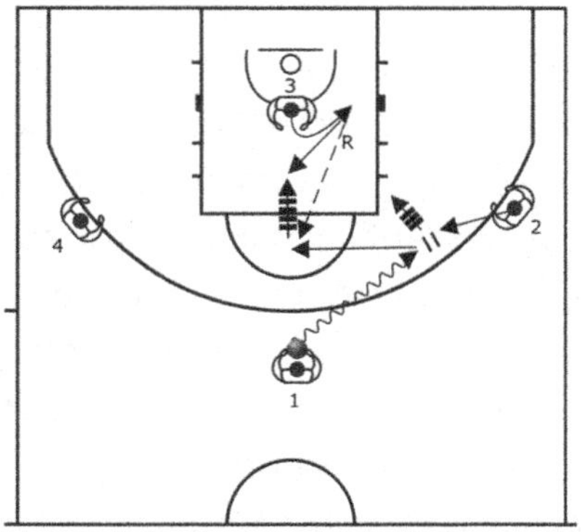

3 prend le rebond et fait encore une passe à 1 qui s'est décalé du côté de 4 et tire pendant que 4 gêne le tir latéralement. Après le dernier tir, les quatre joueurs échangent leur position.

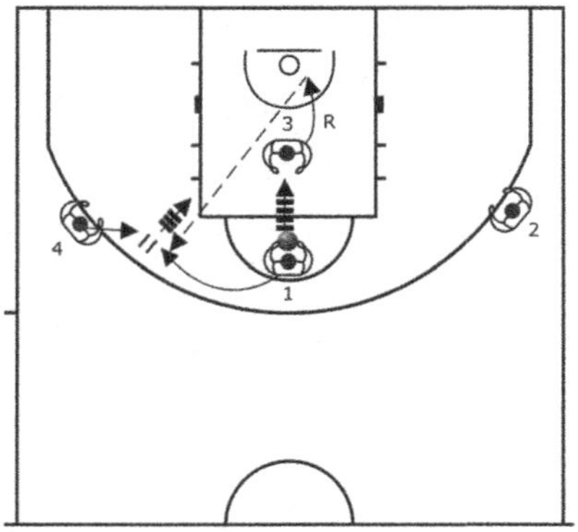

EXERCICE 64 - EXERCICE DE TIR

Joueurs quatre par quatre, un tireur, un passeur et deux bloqueurs/au rebond : 1, sous le panier, prend un des deux blocs de 3 ou 4, reçoit la passe de 2 et tire ; 3 ou 4 prennent le rebond et repassent à 2, 1 retourne sous le panier et recommence. Après dix tirs alterner les positions.

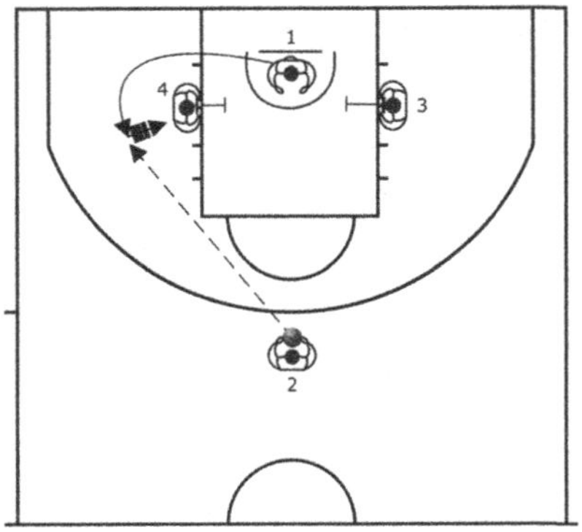

EXERCICE 65 - EXERCICE DE TIR

Deux files de joueurs en position arrière, tous avec ballon, deux joueurs sur les angles hauts de la raquette : 1 et 2 passent la balle au joueur d'en face et courent pour la récupérer de la main à la main au joueur en diagonale et tirer. 3 et 4 vont au rebond et dribblent pour retourner faire la queue, 1 et 2 se déplacent sur les angles hauts de la raquette pour recevoir les passes de 5 et 6.

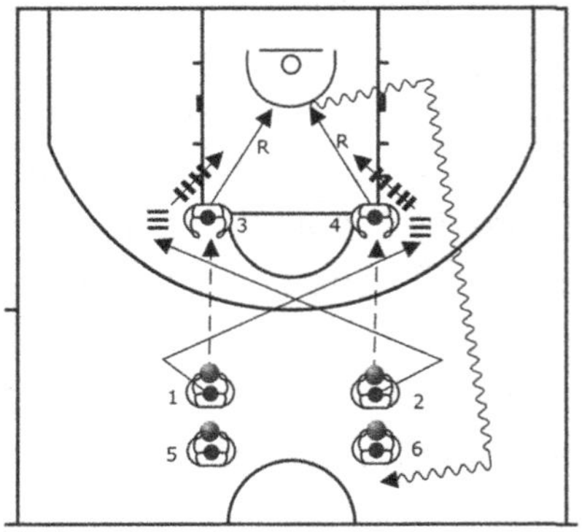

EXERCICE 66 - EXERCICE DE TIR

Comme l'exercice précédent, 1 et 2 après avoir fait la passe feintent de croiser pour ensuite, avec un changement de direction, recevoir la passe du joueur à qui ils avaient préalablement fait la passe et tirer.

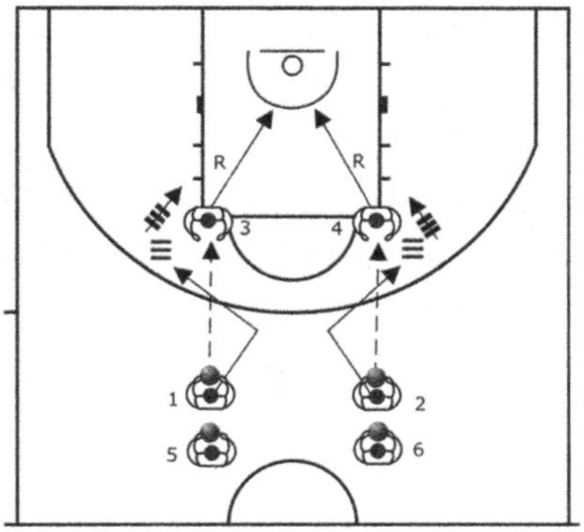

EXERCICE 67 - EXERCICE DE TIR

Comme l'exercice précédent, avec les deux joueurs sans ballon à l'aile.

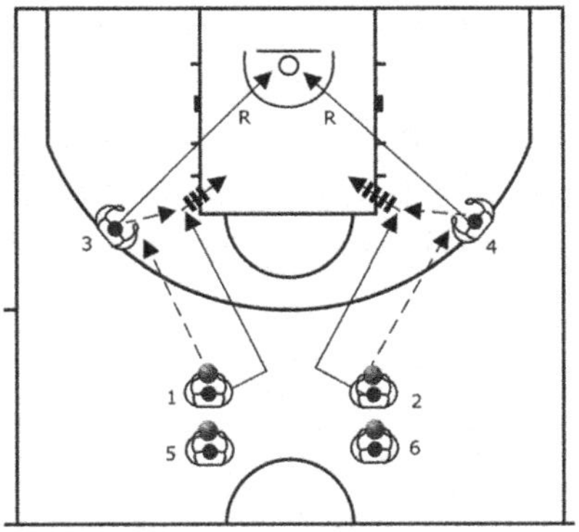

« Pas à pas. Je ne conçois aucune autre manière pour réussir à faire les choses. »
Michael Jordan

EXERCICE 68 - 1VS0 AUTO-PASSE + FINITION

2 files de joueurs avec ballon à l'angle à chaque panier, jusqu'à 5 joueurs dans chaque file. Le joueur exécute une auto-passe à l'aile, croise et exécute une finition au choix de l'entraîneur (double pas, power lay-up, lay-back, tir en appui etc).

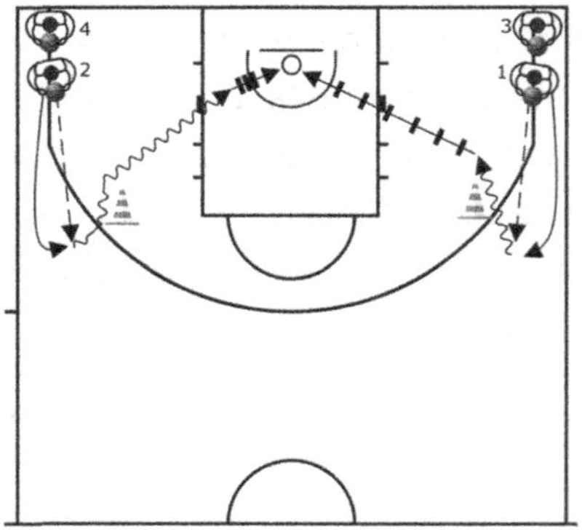

EXERCICE 69 - FINITION EN SÉRIE

1 file de joueurs avec ballon à chaque panier en haut de la raquette. Ballon au coach sous le panier. Le joueur, dos au panier, fait du tipping et lorsque le coach le décide le joueur se retourne, reçoit le ballon et exécute un tir en course sans dribbler.

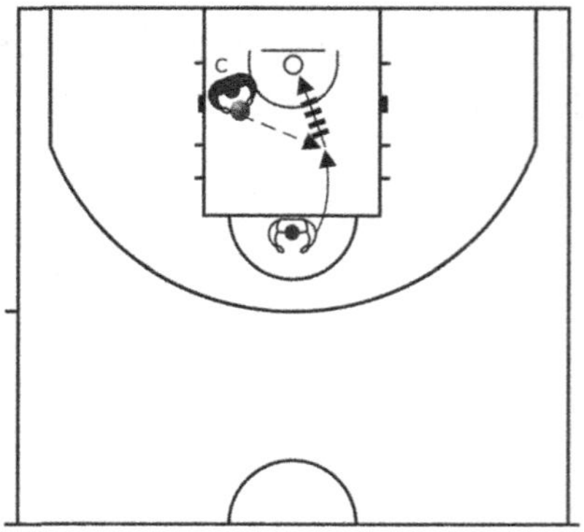

EXERCICE 70 - TIR QUATRE JOUEURS

Quatre joueurs dans la moitié de terrain disposés autour de la ligne des trois points ; joueur 1 avec ballon. 1 tire et suit son tir pour aller au rebond ; puis il fait la passe à 3, suit pour mimer une récupération et remplace 3 ; 3 fait une feinte de tir et attaque, il s'arrête dans la raquette...

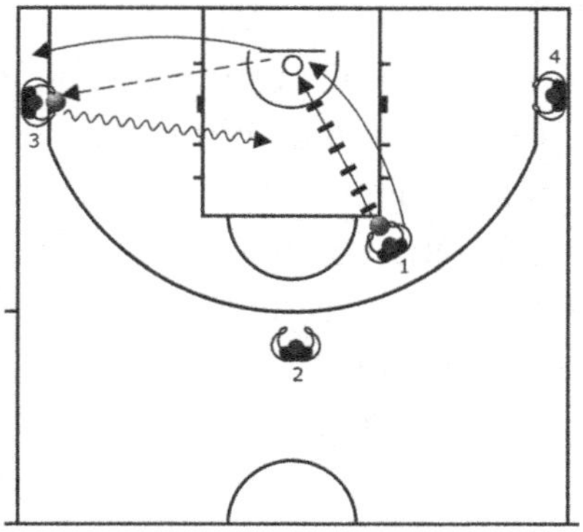

EXERCICE 71 - TIR EN TRANSITION 3 MINUTES

12 joueurs, 8 avec ballon; joueurs 1, 2, 3 et 4 disposés le long de la ligne de fond, joueurs 5, 6, 7 et 8 disposés le long de l'autre ligne de fond; joueurs 9, 10, 11 et 12 sans ballon disposés le long de la ligne centrale. Les joueurs sans ballon 9, 10, 11 et 12 courent vers les coéquipiers 1, 2, 3 et 4 pour recevoir la balle et tirer après un arrêt. Après le tir 9, 10, 11 et 12 récupèrent le ballon et prennent la place de 1, 2, 3 et 4, qui pendant ce temps sprintent de l'autre côté du terrain pour recevoir la passe de leurs coéquipiers 5, 6, 7 et 8. En continuité pendant trois minutes avec les mêmes modalités : qui passe le ballon sprinte vers l'autre panier pour recevoir et tirer, qui tire récupère son ballon et se place sur la ligne de fond, prêt à faire la passe aux coéquipiers qui arrivent de l'autre côté du terrain.

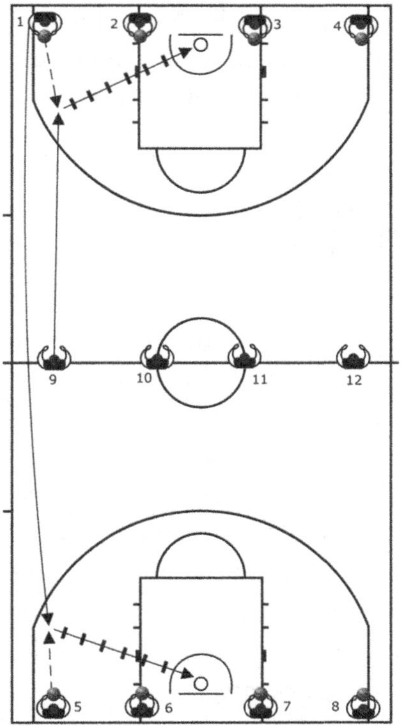

EXERCICE 72 - TIR

Deux files à l'aile, tous avec ballon sauf le premier joueur d'une des files. Le premier joueur d'une des files, le joueur sans ballon, court en position de meneur et reçoit en faisant un arrêt alternatif. Il fait face au panier et effectue un dribble puis s'arrête pour tirer.

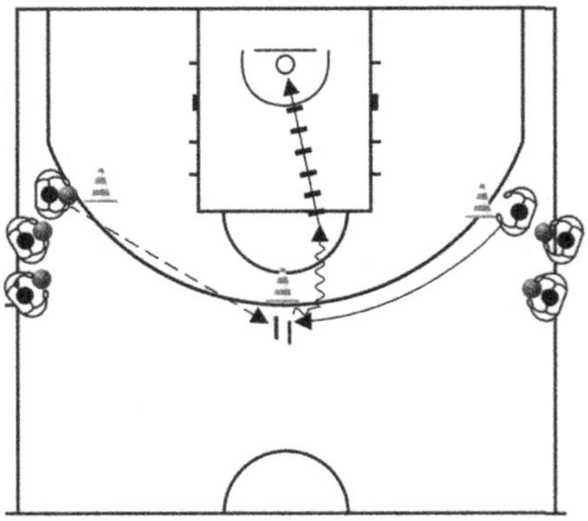

Variante : le joueur qui reçoit le ballon au poste de meneur repasse la balle au même joueur. Il coupe devant le plot et reçoit la passe à l'angle de la raquette puis s'arrête et tire.

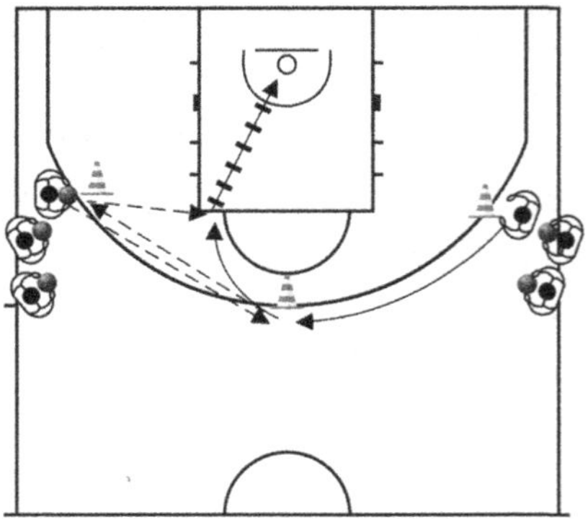

« Pour un entraîneur, le résultat final ne doit pas se fonder sur les points marqués ou pris. Au contraire, il doit se fonder sur le nombre de joueurs et de joueuses qui sont arrivés en première équipe depuis le secteur junior. Voilà le résultat qu'aucun journal, aucune statistique ou aucun livre des records ne publiera jamais. Et c'est ce résultat que l'on doit déduire seul, quand le dernier match se termine. »

Denny Crumm

EXERCICE 73 - TIR EN CONTINUITÉ AUX 3 POINTS ET PICK AND ROLL

Exercice de tir en continuité. Deux files comme sur le diagramme, tous avec ballon sauf le premier joueur d'une des files. Le joueur sans ballon court en position de meneur et le reçoit à côté du plot pour effectuer un tir aux trois points.

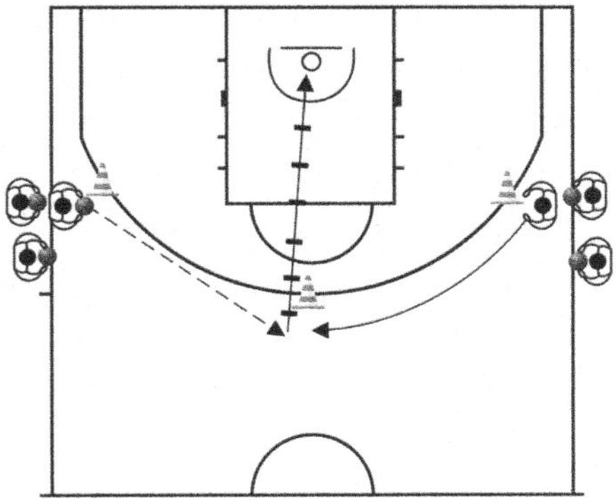

Variante : réception toujours à côté du plot, départ croisé vers le côté opposé en simulant l'utilisation du pick and roll avec le plot pour un tir à trois points.

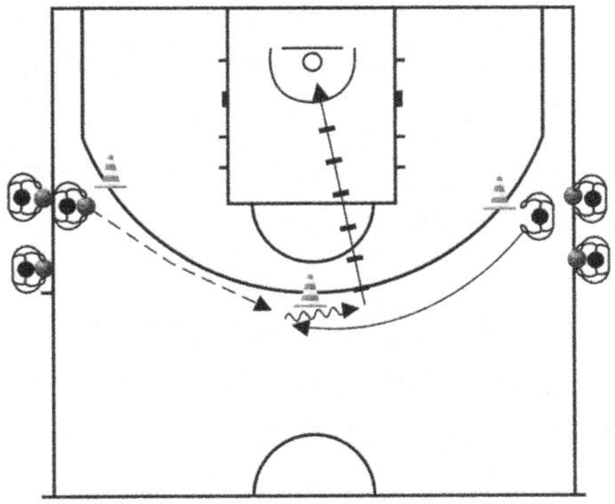

EXERCICE 74 - CONCLUSIONS EN CONTINUITÉ

Une file, tous avec ballon sauf le premier joueur sur la ligne de fond comme illustré sur le diagramme. Le premier joueur atteint le premier plot et exécute un changement de direction et de vitesse pour attaquer le second plot à l'aile. Une fois la balle reçue, il fait face au panier et l'attaque avec intensité.

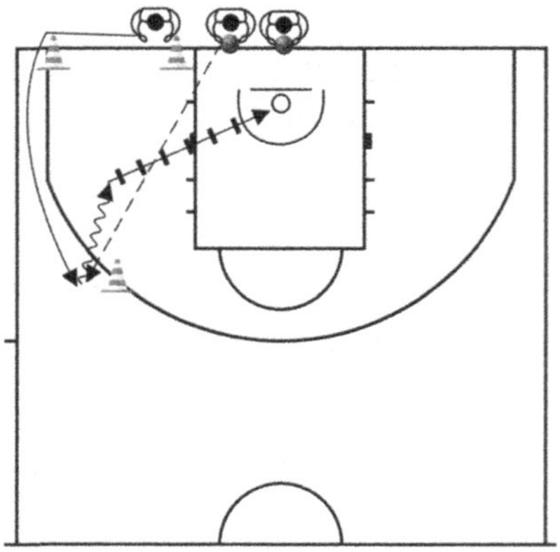

Variante : comme l'exercice précédent mais dans ce cas le joueur reçoit la balle en étant fléchi, prêt à effectuer un tir rapide à trois points.

Travailler sur les changements de vitesse et les impulsions des pieds sur le changement de direction.

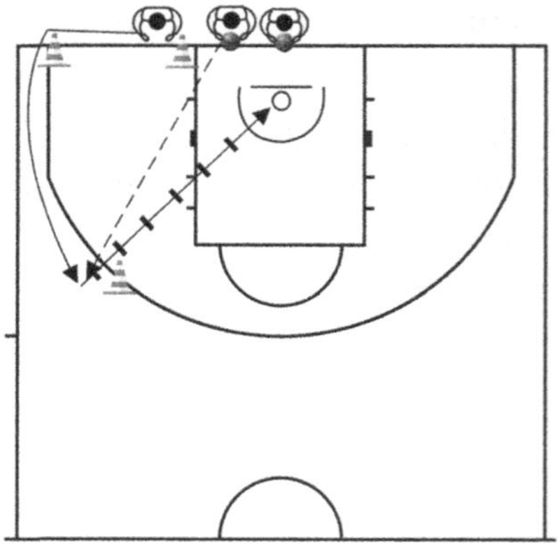

EXERCICE 75 - CHANGEMENT DE MAIN + CONCLUSION

Une file avec ballon près du plot comme sur le diagramme. Le joueur attaque la chaise externe et effectue trois changements de main différents (frontal – entre les jambes – dans le dos) puis il se dirige vers la chaise centrale et exécute un autre changement de main avant de terminer par un dribble et un tir à l'arrêt.

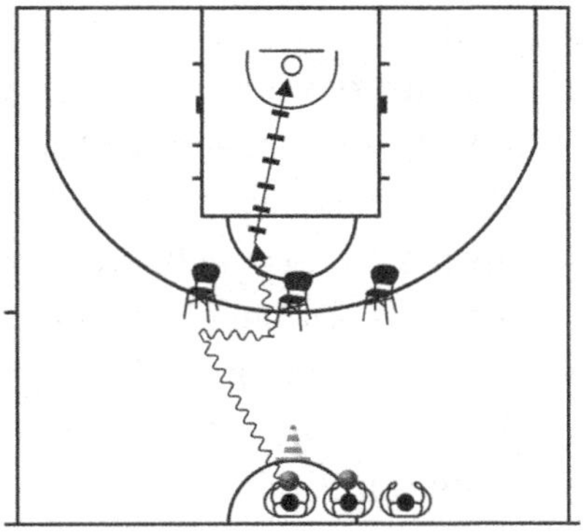

EXERCICE 76 - 1C0 APRÈS LA PASSE

2 files de joueurs à chaque moitié de terrain, une avec ballon au centre sur la ligne médiane, une sans ballon à l'angle. Le joueur avec ballon dribble vers la ligne des trois points, pendant que le joueur sans ballon se démarque vers le ballon. Le joueur avec ballon fait la passe à son coéquipier, qui s'arrête avec les pieds en direction du panier, puis fait une feinte de dribble ou de tir, avant d'attaquer le panier.

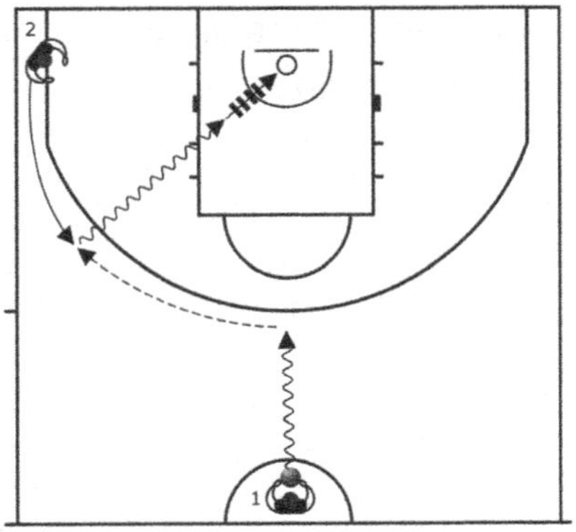

EXERCICE 77 - 1C0 MÉTABOLIQUE AVEC COACH EN APPUI

1 file de 3 joueurs à mi-terrain sur la ligne latérale, coach en appui à l'angle de la raquette. Le joueur avec ballon fait une passe au coach, va toucher la ligne de fond puis va prendre le ballon dans les mains du coach, en exécutant un départ en dribble et une finition au choix de l'entraîneur (double pas, power lay-up, lay-back, tir en appui etc.). L'exercice dure cinq minutes.

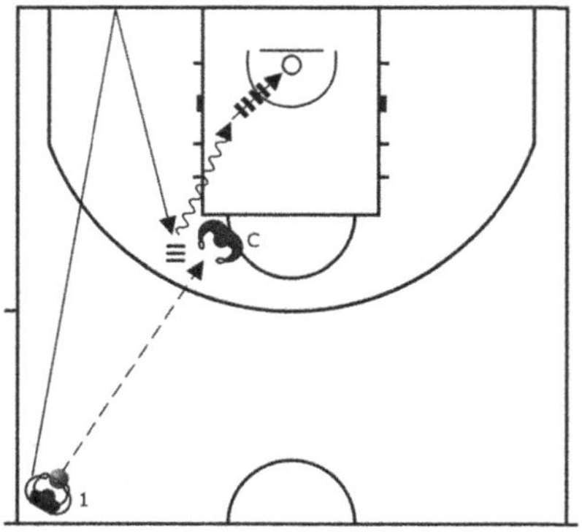

« Le talent fait gagner les matchs, alors que le travail pour l'équipe et l'intelligence font gagner les championnats ».
Michael Jordan

5. EXERCICES POUR L'ÉCHAUFFEMENT

EXERCICE 78 - ÉCHAUFFEMENT/TIR : ARRÊT ET TIR

Exercice d'échauffement pour le tir en continuité, le joueur sans ballon coupe hors de la zone délimitée par les plots, change de vitesse et de direction et reçoit la passe du coéquipier qui est dans la file avant de terminer par un dribble puis un arrêt et un tir.

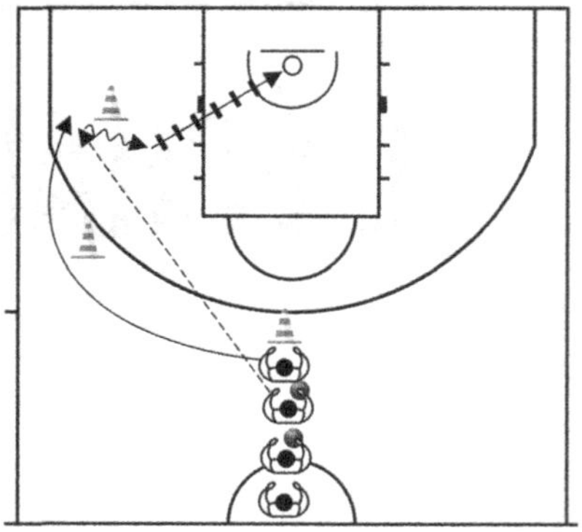

EXERCICE 79 - EXERCICE D'ÉCHAUFFEMENT EN DRIBBLE

Le joueur attaque les plots en dribble et effectue un double changement de main devant chaque plot. Après le dernier plot il attaque le panier avec maximum trois dribbles et tire en course.

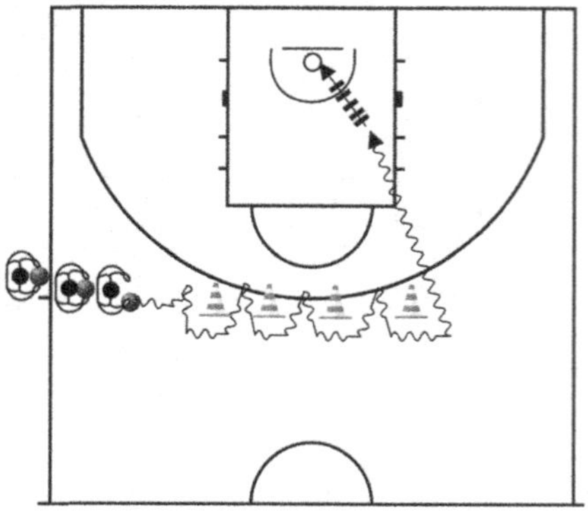

VARIANTE

Le dribble peut être : frontal - frontal/frontal – entre les jambes et frontal – dans le dos.

EXERCICE 80 - FOOTWORK + ÉQUILIBRE + TIR

Footwork. Course en slalom à reculons entre les plots, à la fin du parcours attaque pour toucher le plot vers le centre et changement de sens, sprint et réception à l'angle de la raquette pour tirer.

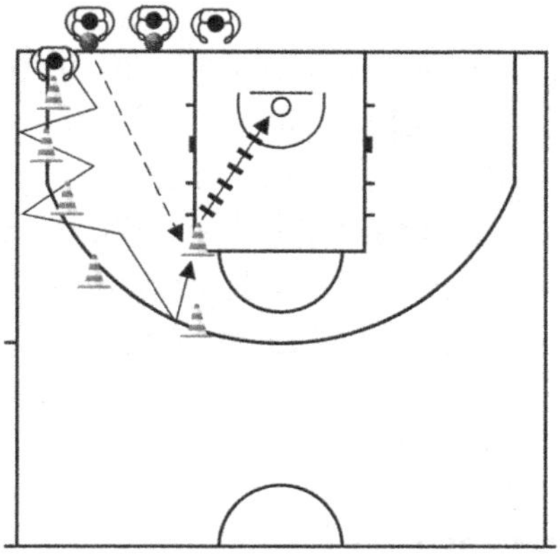

Variante : footwork avec une course en slalom à reculons entre les plots. À la fin du parcours le joueur court toucher le plot à l'angle de la raquette et sprinte à reculons hors des trois points au poste de meneur pour recevoir et tirer des trois points.

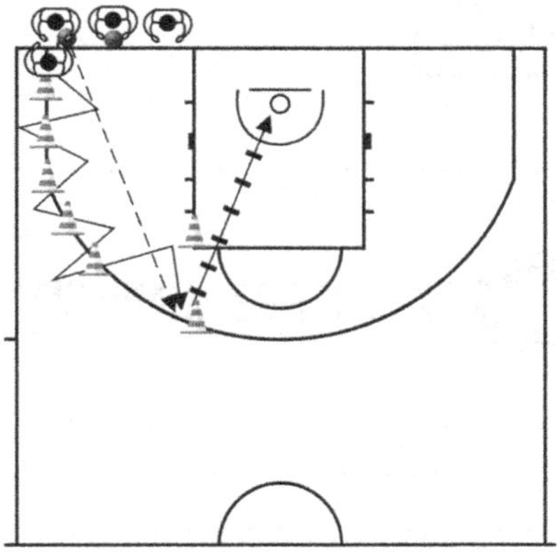

« Un bon Coach doit s'impliquer davantage : montrer à son joueur des horizons plus vastes et se concentrer sur ses rêves, le tirer de l'ennui, l'aider à faire ressortir le potentiel qu'il n'imaginait pas avoir, l'estimer et le conduire à dépasser la limite de ses limites. »
Gian Paolo Montali

EXERCICE 81 - LE BACKDOOR

Le joueur sans ballon se démarque entre les plots. Après le dernier plot, il feint tout d'abord de recevoir la passe en présentant ses deux mains au coéquipier qui a la balle et coupe ensuite en backdoor vers le panier, reçoit la passe à terre et termine par un tir en course.

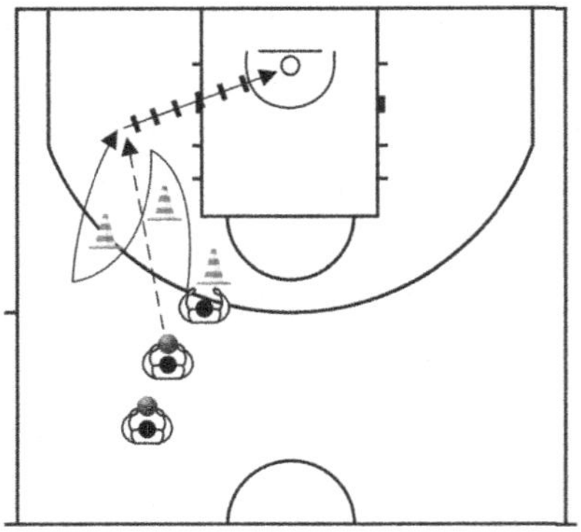

EXERCICE 82 - HAND OFF (PASSE DE LA MAIN À LA MAIN)

Deux files positionnées comme sur le diagramme, une file avec ballon et l'autre sans. Le joueur avec ballon attaque en dribble jusqu'à arriver en position de meneur, le dos tourné à la chaise pour protéger la balle et permettre de faire une passe de la main à la main. Le premier de l'autre file court réceptionner la passe de la main à la main et va au panier du côté opposé en double pas. C'est important d'établir une règle sur comment effectuer l'hand off : celui qui passe le ballon le maintient à deux mains, une dessus l'autre dessous. Celui qui réceptionne la passe s'empare du ballon sur les côtés.

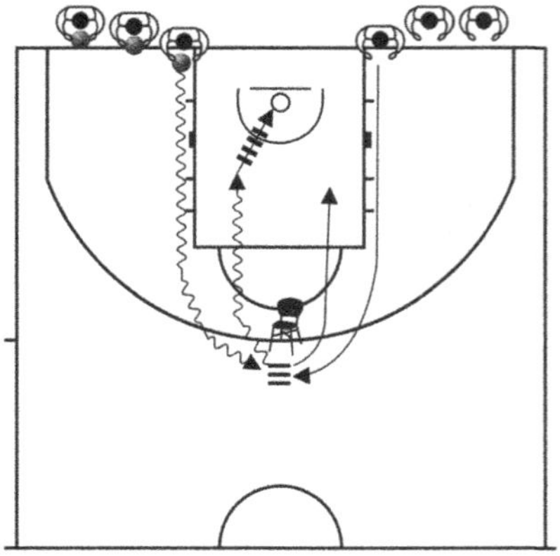

Variante : après l'hand off, le joueur avec ballon fait 1-2 dribbles et joue en passe et va avec l'autre attaquant.

Dans cette variante, la rapidité des mains est importante. Elle fait en outre travailler la dextérité du dribble, de la passe et de la finition dans des espaces restreints.

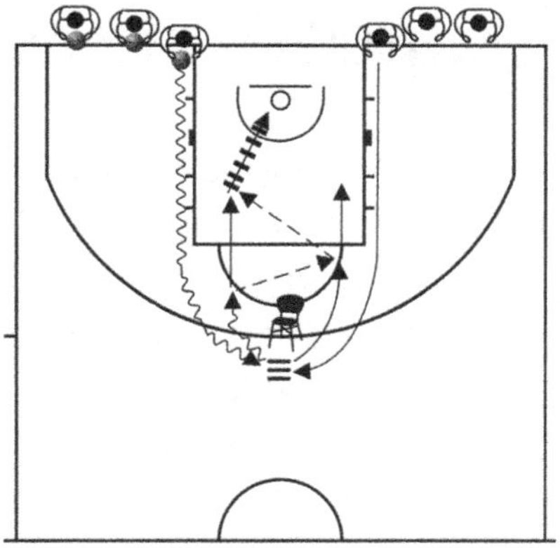

EXERCICE 83 - ÉCHAUFFEMENT ET TIR

Session de tir, 2 files à l'aile tous avec ballon sauf le premier d'une des files, le joueur sans ballon coupe au premier plot vers le fond et se sert des deux derniers en simulant l'utilisation d'un bloc. Il reçoit à l'angle de la raquette et tire.

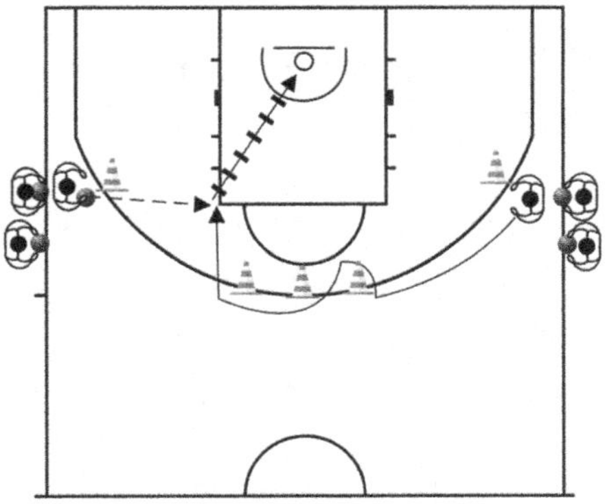

EXERCICE 84 - TIR EN COURSE

Deux files à l'aile, tous avec ballon sauf le premier joueur d'une des files. Le joueur sans ballon court en position de meneur et reçoit en effectuant un arrêt alternatif. Il fait face au panier, exécute une feinte de tir et part en dribble, finition avec un tir en course.

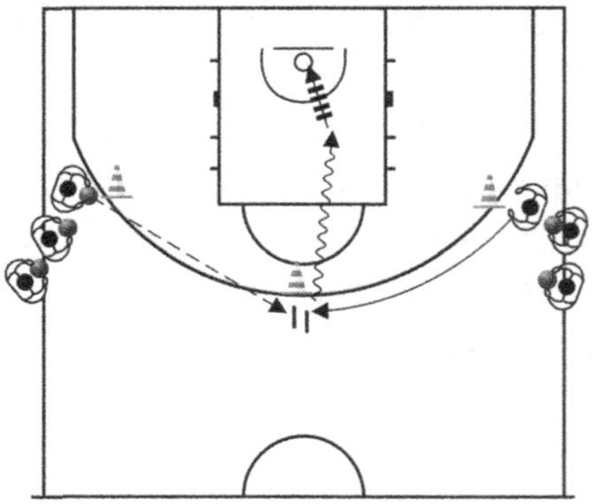

EXERCICE 85 - TIR EN COURSE EN CONTINUITÉ

Exercice d'échauffement pour le tir en continuité. Le joueur sans ballon coupe hors de la zone délimitée par les plots, change de vitesse et de direction au plot, reçoit la balle du coéquipier dans la queue et finit par un tir en course.

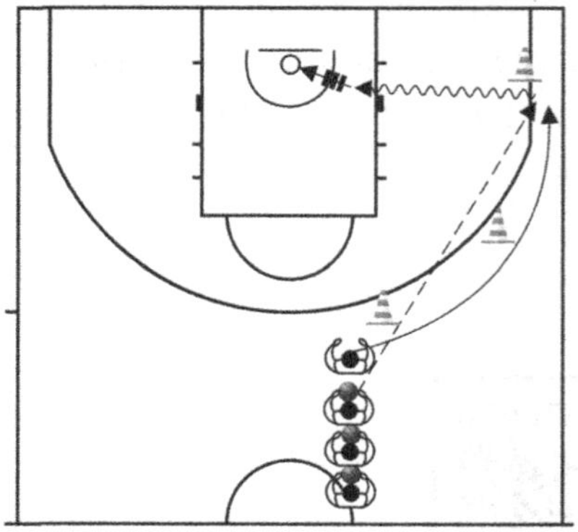

EXERCICE 86 - SKILL DRILL DRIBBLING + CROSSOVER + TIR

Le joueur attaque les chaises et effectue deux changements de main différents sur place, pose la balle sur la chaise d'une main (la même avec laquelle il part) et récupère la balle sur l'autre chaise, après le changement de balle il attaque le panier pour ensuite finir avec un dribble et un tir à l'arrêt.

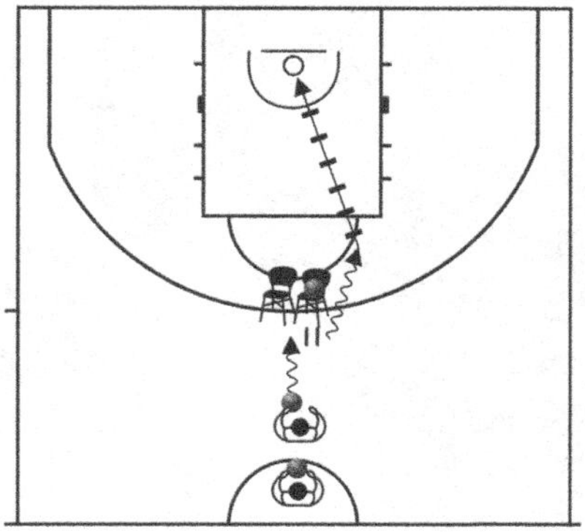

- Le joueur peut choisir le côté à attaquer.
- Varier les finitions.

30
LBA
EA7
OAKLEY
Group
ARMANI EXCHA
OLIMPI
MILA
FRAGRANCES
SAP
molten
5
30

6. EXERCICES POUR L'UTILISATION DES BLOCS ET TIR

EXERCICE 87 - BLOCS ET LECTURE FLARE + TIR

Deux files, une avec ballon en position d'intérieur, l'autre en position de meneur sans ballon. Le joueur avec ballon fait la passe au meneur et prend les blocs, coupe sur le dernier bloc et se déplace vers l'angle pour tirer des trois points.

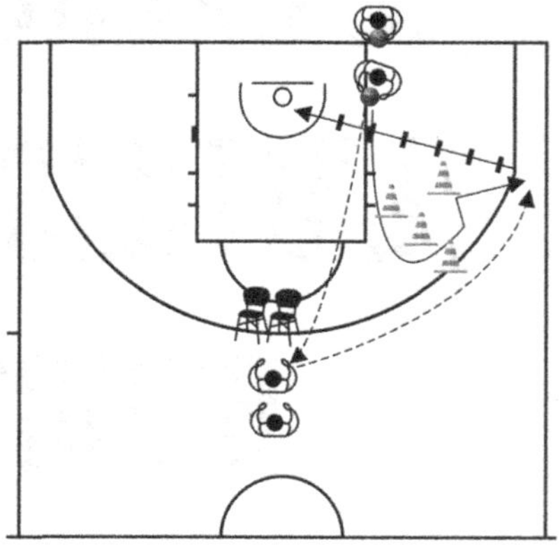

EXERCICE 88 - BLOCS + FOOTWORK + PASSE + TIR

Le joueur à l'angle de la raquette (avec ballon) et celui à l'aile se font trois passes sur place, après quoi le joueur à l'angle de la raquette tourne autour des deux plots (comme s'il prenait un bloc) et reçoit la balle du joueur à l'aile avant de terminer par un tir à mi-distance.

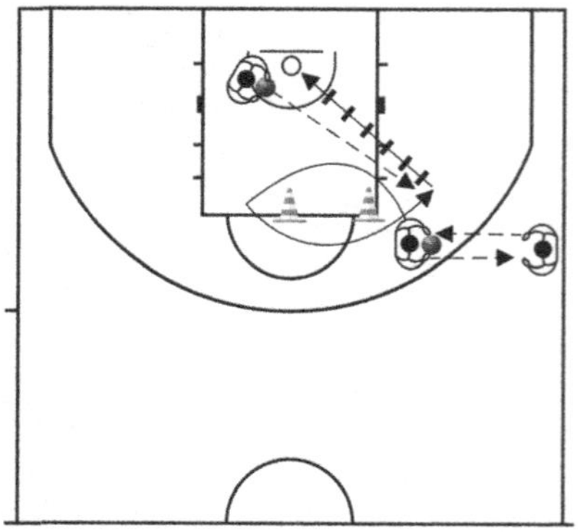

Défi : jouer sur les deux paniers, le premier qui met trois paniers gagne.

EXERCICE 89 - TIR MÉTABOLIQUE POUR DOUBLE SORTIE

1 file de 3 joueurs avec ballon sous le panier à chaque moitié de terrain, coach en appui au poste de meneur, deux chaises au poste d'intérieur. Le joueur fait une passe au coach, touche une des chaises, et sort tirer à la chaise opposée, en exploitant la forme des deux chaises. L'exercice dure 5 minutes.

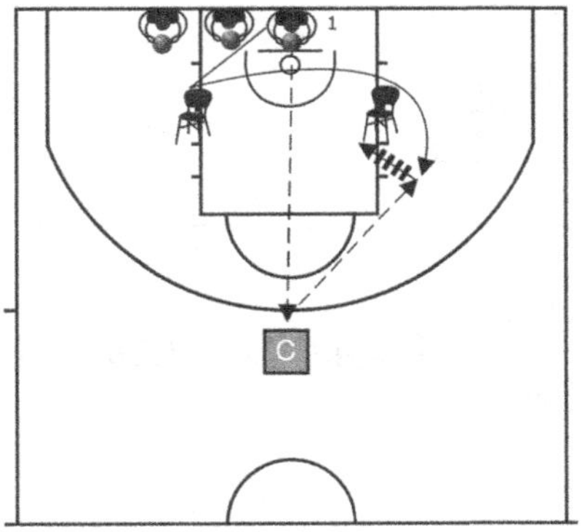

Variante pour double bloc : chaises disposées une au poste d'intérieur, une à l'angle de la raquette du même côté. Le joueur fait une passe au coach, touche la position d'intérieur où il n'y a pas la chaise et sort des blocs pour tirer de l'autre côté, en exploitant la forme des deux chaises.

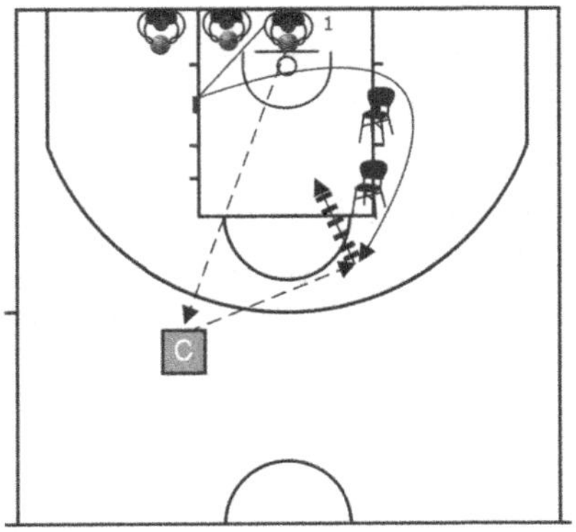

EXERCICE 90 - UTILISATION DES BLOCS ET TIR

Deux joueurs, un à l'aile et un à l'angle de la raquette. Ils se font 3 passes, à la troisième passe le joueur à l'angle de la raquette coupe entre les deux plots et court pour tourner autour du second afin de recevoir la balle et de s'arrêter et tirer entre les deux plots.

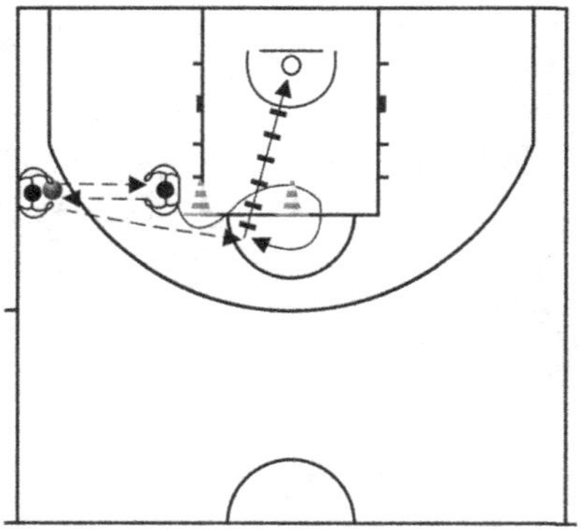

Rapidité des pieds et coordination.

EXERCICE 91 - TRAVAIL SUR LE BLOC ET RÉCEPTION (POP OUT)

Une file à l'angle de la raquette, tous avec ballon sauf le premier. Le premier joueur attaque la chaise d'en face, simule un bloc et s'ouvre en pop out hors des trois points pour recevoir la balle et tirer.

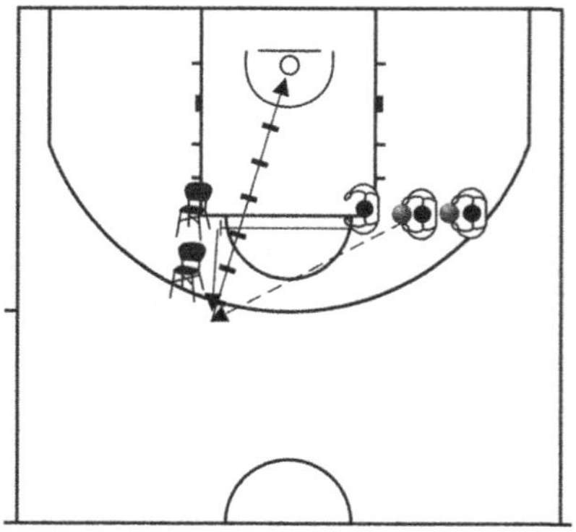

Travailler sur l'équilibre, sur le face à face et l'utilisation des pieds en phase de réception.

Variante : le premier joueur de la file, sans ballon, part et porte un bloc à hauteur de la chaise, puis s'ouvre hors des trois points, reçoit la balle et termine par un dribble et un tir à l'arrêt.

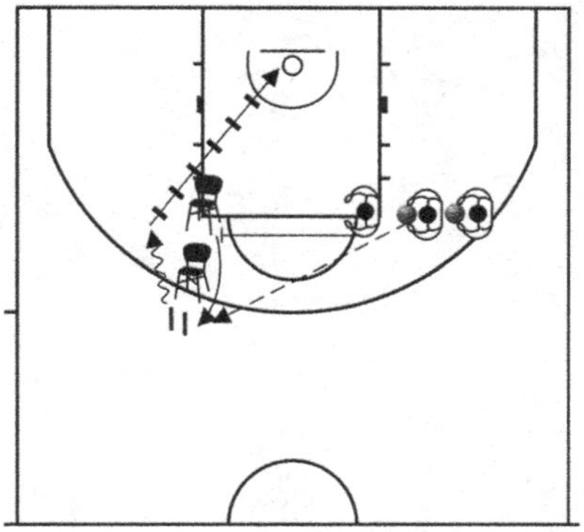

EXERCICE 92 - UTILISATION DU BLOC FLARE

Une file tous avec ballon sauf le premier joueur, comme sur le diagramme. Le joueur sans ballon attaque l'angle de la raquette, touche le plot et s'ouvre pour recevoir la balle hors des trois points et tirer.

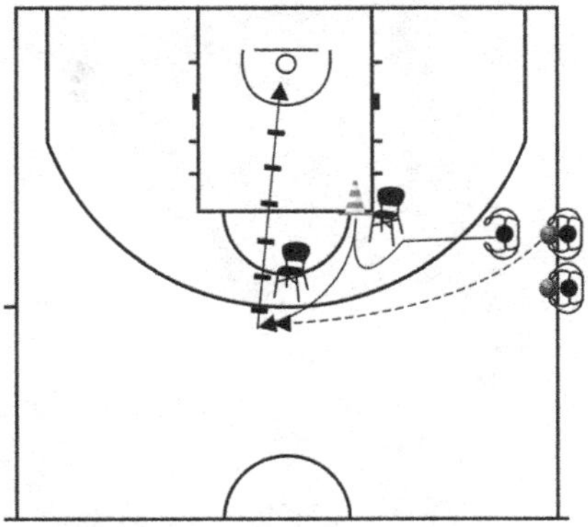

Le joueur doit faire semblant d'« accompagner » le défenseur contre le bloc flare pour faciliter l'ouverture successive.

TOK
ITALIA
8

7. EXERCICES POUR LES PIEDS ET TIR

EXERCICE 93 - FOOTWORK + FINITION

2 files de joueurs à chaque panier, jusqu'à 5 joueurs avec ballon dans chaque file. Le joueur exécute un footwork en passant entre les petits plots, puis conclut en power lay-up.

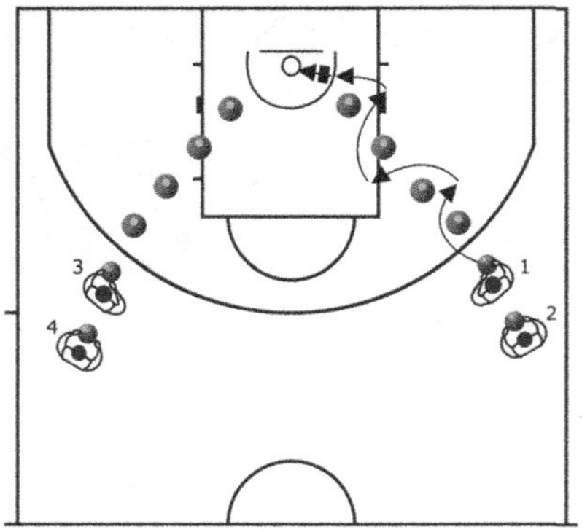

Variante : travail des pieds alors qu'il fait tourner la balle autour de sa tête ; autour du ventre ; tout en se faisant des passes d'une file à l'autre avec l'autre joueur.

EXERCICE 94 - FOOTWORK + SAUT + FINITION

2 files de joueurs à chaque panier, jusqu'à 5 joueurs, avec ballon pour chaque file. Le joueur exécute un footwork en passant entre les petits plots, puis termine en power lay-up.

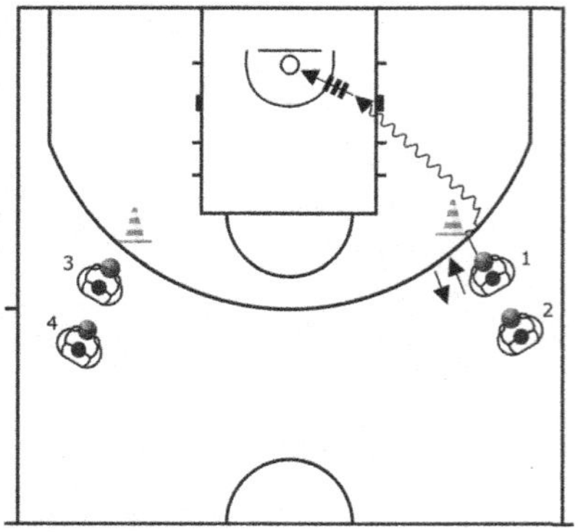

Variante : travail des pieds alors qu'il fait tourner la balle autour de sa tête ; autour du ventre ; tout en se faisant des passes d'une file à l'autre avec l'autre joueur.

EXERCICE 95 - FOOTWORK + TIR EN EXPLOITANT LES BLOCS

Tipping le long du périmètre de la raquette dos au panier. Le but est d'exploiter le bloc en effectuant une courbe puis de traverser avec l'épaule au niveau du plot avant de terminer par un arrêt et tir à mi-distance.

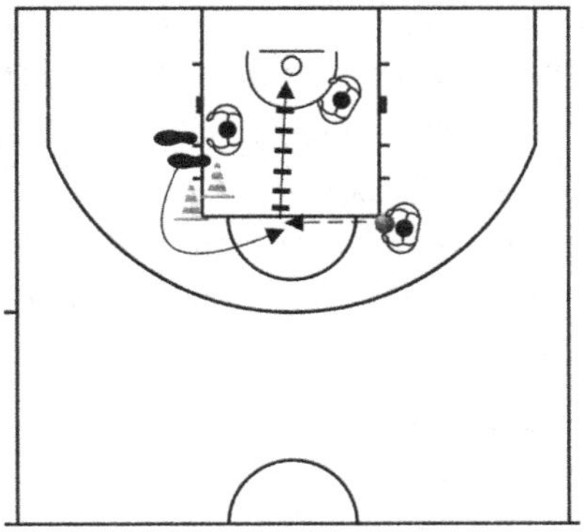

Variante :

Footwork + idée de couper le bloc et de sortir toujours en effectuant une courbe et en passant dos au plot avant de s'arrêter et tirer.

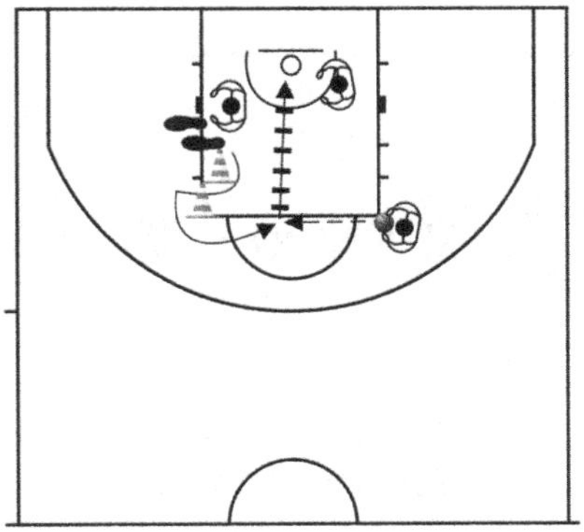

> « Tu dois te donner à 125 pour cent. Mets-y ton cœur et ton âme ; apprends à avoir une attitude positive et de vainqueur. N'accepte pas la défaite, mais apprends de celle-ci. »
> *Magic Johnson*

EXERCICE 96 - TIPPING AVEC ÉCHELLE DE RYTHME+ 1C1 AU TIR

Tipping avec l'échelle de rythme, au coup de sifflet du coach réception derrière la ligne et tir à 3 points. Celui qui marque deux paniers en premier gagne (tu peux choisir le nombre de paniers selon les capacités de tes joueurs).

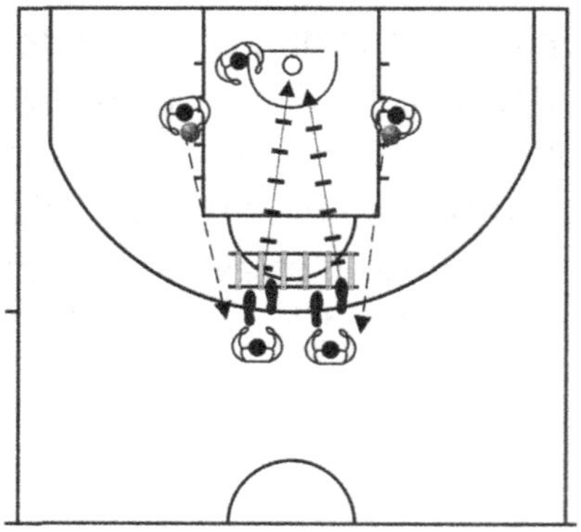

EXERCICE 97 - FONDAMENTAUX ET DEXTÉRITÉ + FOOTWORK + TIR

Le joueur part du plot près de la ligne de fond, en face du panier avec dribble latéral main extérieure, il se dirige vers le plot situé à l'angle de la raquette en effectuant un footwork avec la ligne et se déplace latéralement. Arrivé au second plot, il le dépasse et attaque le panier vers le centre, tir en course ou arrêt et tir.

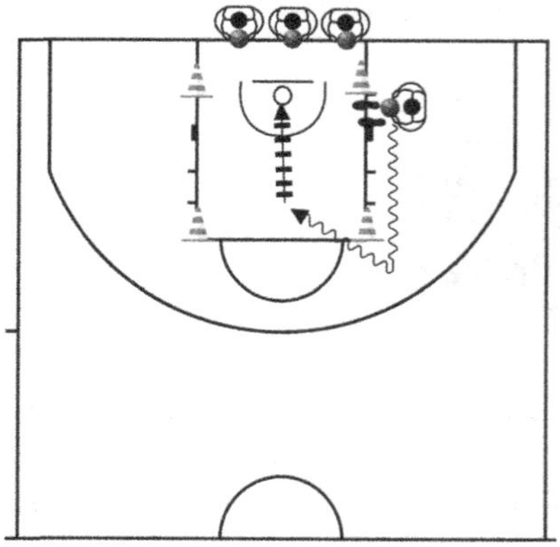

Variante : départ dos au panier.

EXERCICE 98- FOOTWORK + TIR

Le premier joueur de la file attaque la ligne des trois points et, en continuant de dribbler, effectue un footwork pendant trois secondes avec la ligne avant d'attaquer le demi-cercle intérieur et de refaire le même travail. Au bout des trois secondes, il attaque le panier avec intensité en tirant à l'arrêt ou en course.

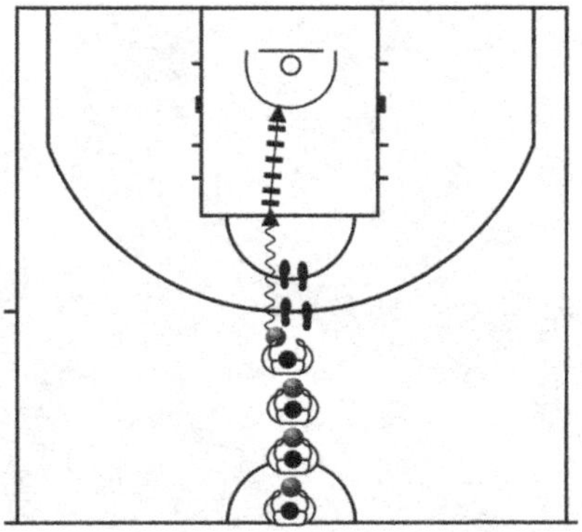

EXERCICE 99 - TIPPING ET TIR

Deux joueurs + un ballon. Le joueur sans ballon fait du tipping sur la ligne des trois points pendant 3 secondes. Au bout des trois secondes, il reçoit la passe du coéquipier et effectue un tir rapide derrière la ligne des trois points.

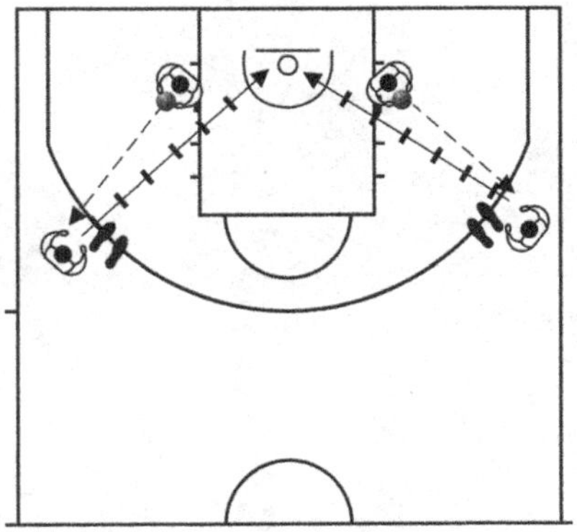

Variante 1 : le même exercice peut être utilisé avec différentes finitions (arrêt et tir/ tir en course).

Variante 2 : cet exercice peut aussi être utile comme concours de tir entre deux joueurs ou plus en utilisant les deux paniers du terrain. Concours de celui qui marque en premier 3 paniers (selon le niveau de ton équipe).

SPALDING
33
NIGER
0
SPALDING
PEAK

8. EXERCICES POUR LE TRAVAIL INDIVIDUEL

EXERCICE 100 - DRIBBLE + CHANGEMENT DE MAIN + PASSE + TIR

Le joueur avec ballon en position de meneur attaque l'angle de la raquette, effectue trois changements de main, pénètre et passe à l'appui; après avoir fait la passe, le joueur se positionne en face du panier derrière les trois points pour recevoir la balle et attaquer à nouveau du même côté en finissant par un tir à l'arrêt.

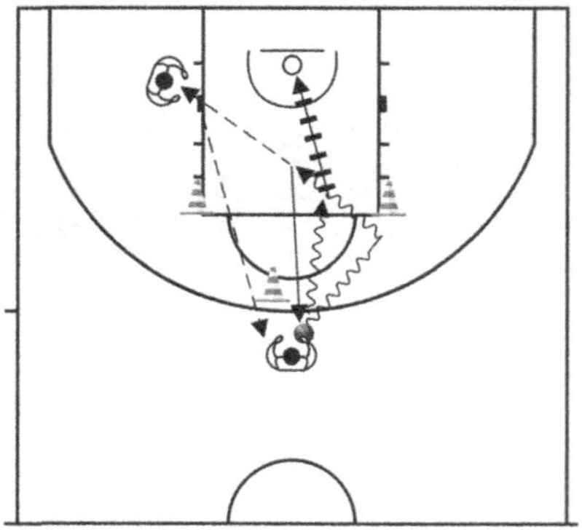

EXERCICE 101 - EXERCICE DE DEXTÉRITÉ - SITUATIONS DE TIR

Le joueur court baisser ou relever les plots. Il change de vitesse en utilisant les blocs pour recevoir la balle et tirer des 3 points.
Défi : quatre tirs consécutifs, baisse et relève les deux plots. Mets-toi au défi ou affronte ton adversaire avec le temps et les paniers marqués.

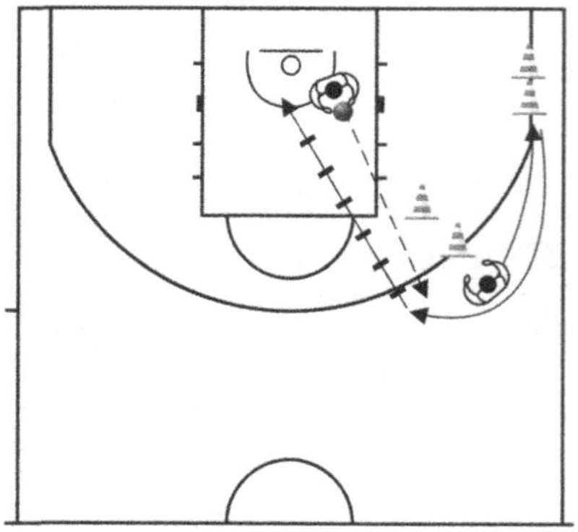

EXERCICE 102 - ÉQUILIBRE ET TIR

Exercice de tir avec stabilisation sur un pied. Le joueur part en course à partir du plot et atterrit avec un seul pied sur le coussinet. Après avoir trouvé l'équilibre, il saute en arrière et reçoit la balle hors des trois points pour tirer rapidement. Après chaque tir, il doit toujours toucher le plot. Quatre tirs consécutifs, se mettre au défi sur les tirs marqués (deux ballons pour augmenter le rythme).

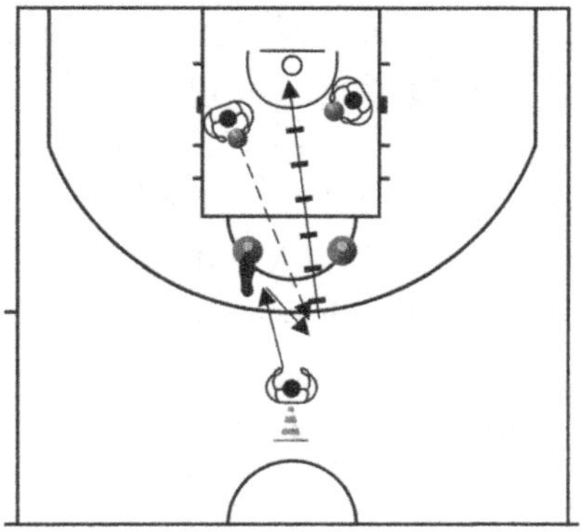

EXERCICE 103 - DRIBBLE + CROSSOVER + ARRÊT ET TIR

Travail de ball handling sur place, plusieurs crossovers et finition avec un dribble puis un tir à l'arrêt.

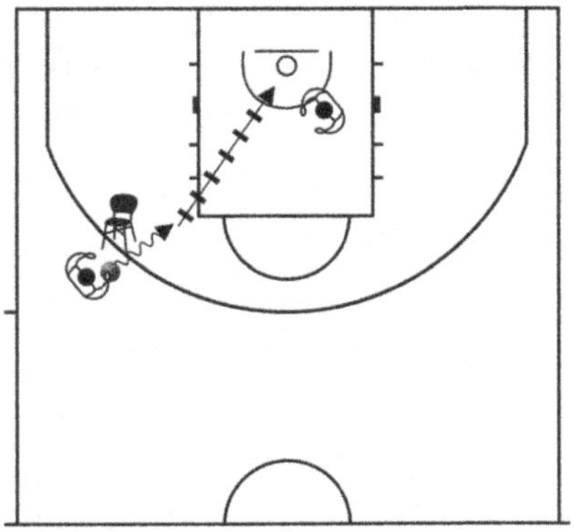

EXERCICE 104 - SHOOTING ROUTINE - TRAVAIL INDIVIDUEL

5 tirs consécutifs à 3 points, utiliser un rack à ballons comme sur le diagramme. Un pied reste pivot durant tout le déroulement de l'exercice. Le joueur récupère le ballon et effectue un tir rapide. Jouer contre soi-même et la montre et/ou tirs marqués contre la montre.

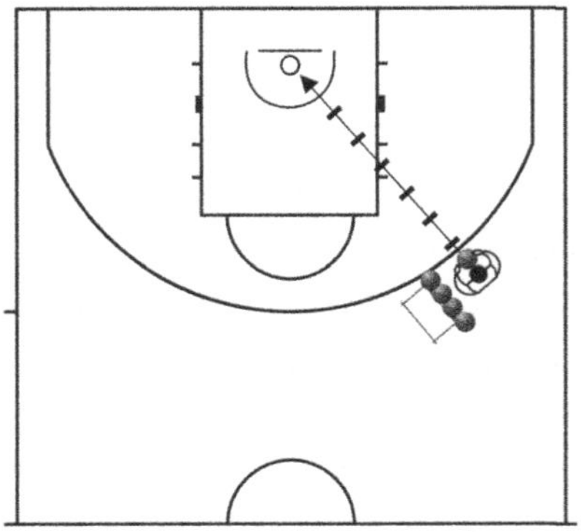

Variante : choisir le côté où positionner les ballons et par conséquent varier le pied pivot.

EXERCICE 105 - TRAVAIL INDIVIDUEL SUR LES FONDAMENTAUX

Le joueur avec ballon en position de meneur aux trois points exécute un départ croisé et effectue un dribble rapide et bas dans chaque cerceau (positionnés comme sur le diagramme). En sortant de ces derniers, il effectue une passe à son coéquipier sans ballon et sprinte en position de meneur aux trois points pour recevoir la passe de l'autre coéquipier. Une fois reçu le ballon, il termine par un tir. Il fait de même du côté opposé quatre fois de suite.

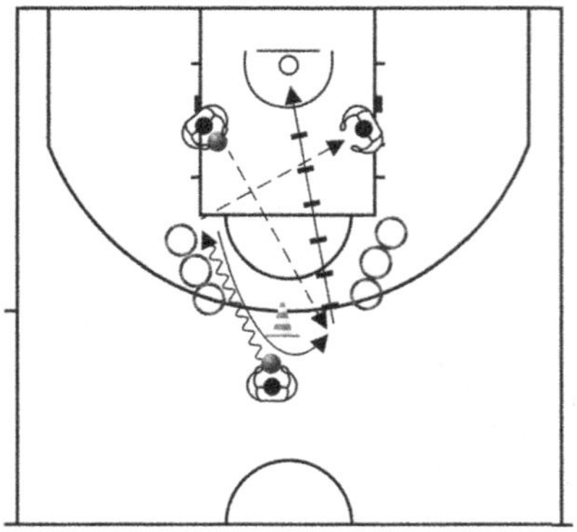

Variante : après la partie initiale, comme dans l'exercice précédent, une fois la passe reçue en position de meneur aux trois points, le joueur exécute un départ croisé du même côté et termine par un tir à l'arrêt.

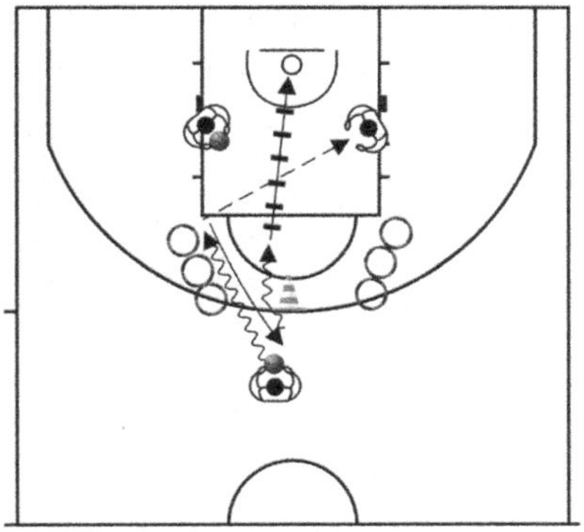

EXERCICE 106 - DRIBBLE + PASSE + TIR

Le joueur part en dribble et effectue un double changement de main devant le premier plot (frontal + entre les jambes), il attaque entre les deux plots et passe la balle au coéquipier. Après la passe, il sort hors de la ligne des 3 points en position de meneur. Il fait ensuite semblant d'attaquer sans ballon au milieu des deux plots et se sert du dernier plot pour recevoir aux deux points en imaginant que la défense est en retard. Partir du sens opposé, répéter 4 fois au total, défier un coéquipier avec le temps + paniers marqués.

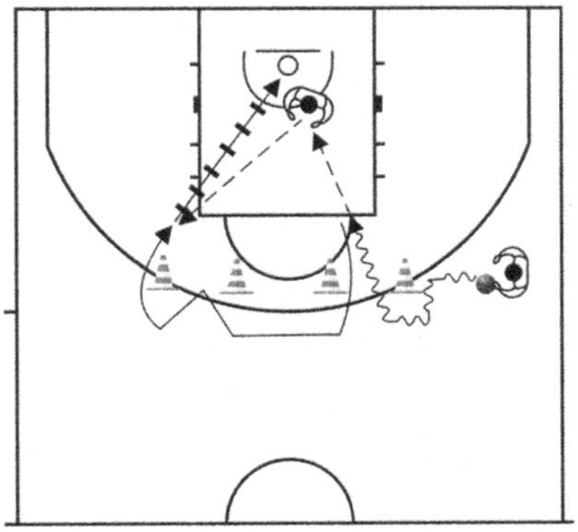

- Feintes avec le corps.
- Changement de vitesse.
- Exercice en continuité.

Le joueur avec ballon attaque le premier plot et exécute un double changement de main + passe à l'appui. Il sprinte vers le second plot et reçoit la passe en retour + attaque le centre en dribble pour ensuite effectuer un dribble de recul en imaginant une aide défensive jusqu'au troisième plot où il passera à nouveau le ballon. Après avoir fait la passe, il sprinte et dépasse le quatrième plot pour recevoir la balle et effectuer un tir rapide à trois points.

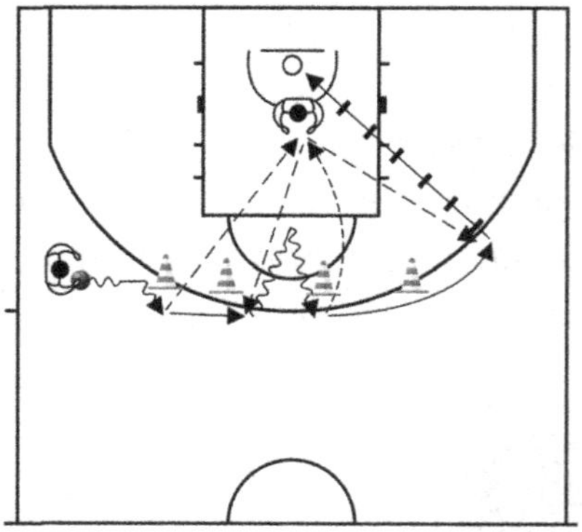

« La force de l'équipe réside dans chacun de ses membres. La force de chaque membre réside dans celle de l'équipe. »
Phil Jackson

9. EXERCICES POUR L’1C1 ET TIR

EXERCICE 107 - CONCOURS DE TIR LUCKY LUKE EN DRIBBLE

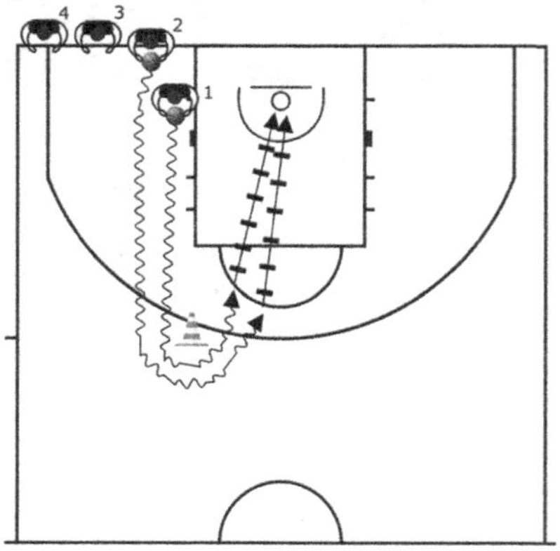

Le joueur 1 tourne autour du plot en dribble et s'arrête afin de tirer, puis il suit son tir pour récupérer un éventuel rebond et corrige une éventuelle erreur jusqu'à temps qu'il marque le panier ; une fois le panier marqué, il fait la passe à 3. Le joueur 2 fait de même et fait la passe au premier de la file sans ballon (le joueur 4). Si 2 met le panier avant que 1 n'y soit parvenu, 1 est éliminé ; le jeu continue avec les mêmes modalités jusqu'à ce qu'il ne reste plus qu'un seul joueur.

EXERCICE 108 - 1C1 AVEC DEUX BALLONS - CONCOURS DE DEXTÉRITÉ ET TIR

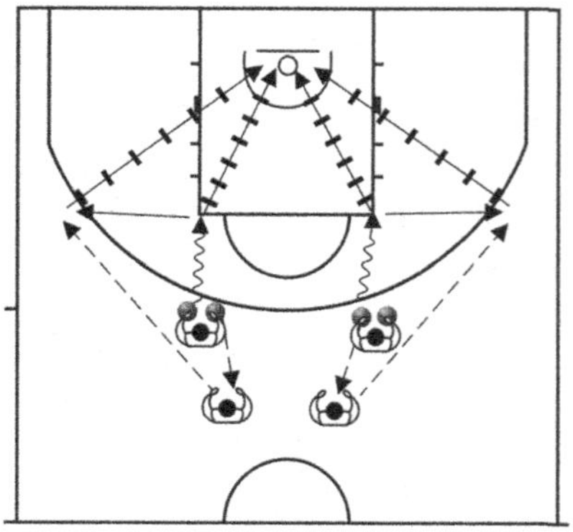

Concours de tir, dribble sur place avec deux ballons. Au coup de sifflet du coach, les attaquants passent un ballon au coéquipier derrière eux et attaquent l'angle de la raquette en dribble en exécutant un arrêt et tir. Tout de suite après avoir tiré, les joueurs s'ouvrent à l'aile pour recevoir la balle laissée au coéquipier de derrière et tirer à 3 points. Celui qui marque le plus de points avant l'autre gagne. Angle de la raquette = 2 points. Aile = 3 points. En cas d'égalité, c'est le joueur qui finit en premier qui gagne.

EXERCICE 109 - 1C1 EXERCICE DE DEXTÉRITÉ – DEUX BALLONS DIFFÉRENTS > PASSES + TIR

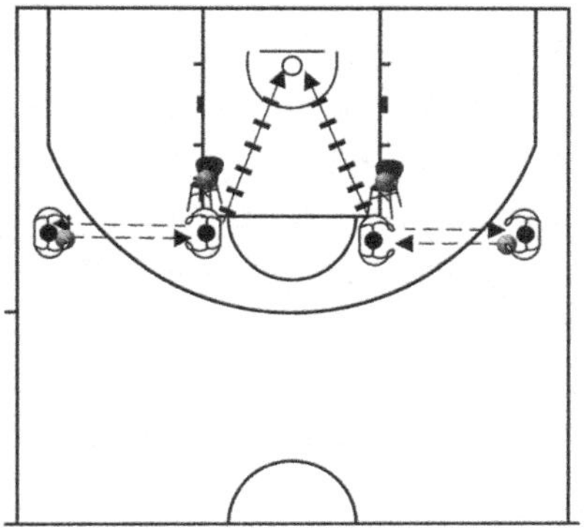

Possibilité d'utiliser deux ballons de tailles ou de poids différents. Le ballon avec lequel on décide de tirer est posé sur la chaise devant le tireur. Le joueur effectue tout d'abord trois passes avec l'autre ballon à l'appui situé à l'aile, puis il attrape le ballon sur la chaise et tir. Le tireur récupère son rebond et pose la balle sur la chaise (vous pouvez aussi placer un joueur au rebond). Le premier joueur qui marque trois paniers gagne.

VARIANTE

Après avoir effectué les 3 passes depuis l'angle de la raquette avec le ballon de poids différent, le joueur s'ouvre sur la ligne des trois points et tire. On utilise désormais deux chaises positionnées devant l'appui qui, après les trois passes, changera le ballon (voir le diagramme).

EXERCICE 110 - 1C1 AVEC DEUX BALLONS

Trois plots positionnés comme sur le diagramme, deux joueurs avec ballon, au coup de sifflet du coach on attaque le panier. Celui qui marque en premier trois paniers gagne. Après chaque panier marqué, il faut dribbler derrière le plot suivant pour pouvoir ensuite tirer. Il faut se servir de chacun des trois pots, si le joueur rate son tir il peut le corriger sans repasser une nouvelle fois derrière le plot.

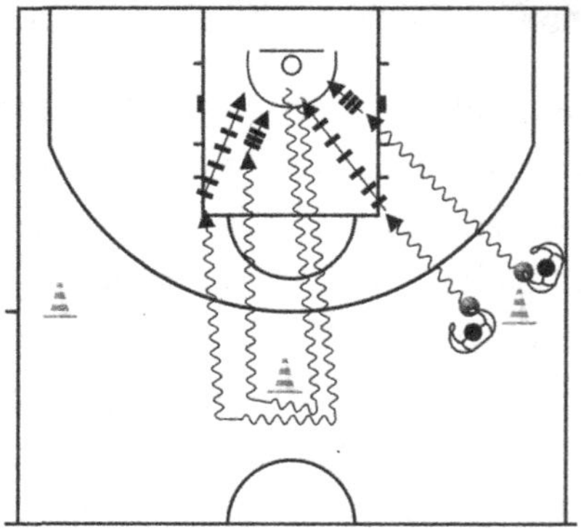

« Tu ne peux pas choisir la manière de perdre, mais tu peux choisir comment te rattraper pour gagner la prochaine fois. »
Pat Riley

EXERCICE 111 - FOOTWORK AVEC ÉCHELLE DE RYTHME ET CONCOURS DE TIR 1C1

Deux files de joueurs avec ballon, au coup de sifflet du coach les deux premiers attaquent l'échelle de rythme et font un footwork latéral en dribble. Une fois finie l'échelle de rythme ils attaquent le panier. Le premier qui marque gagne 1 point et les joueurs changent de file. Le premier joueur qui arrive à 10 paniers gagne.

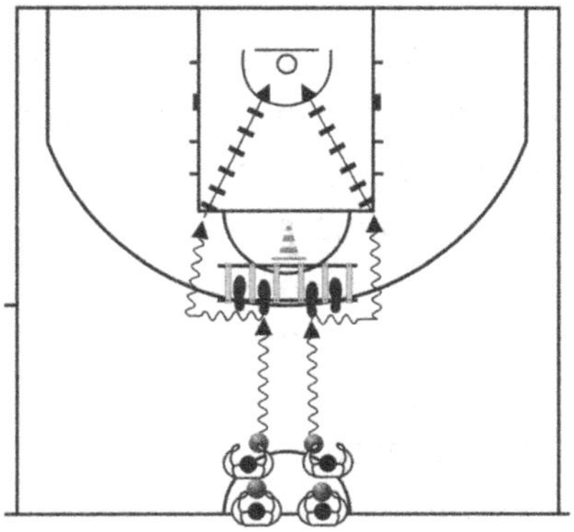

EXERCICES 112 - CONCOURS DE TIR 1C1

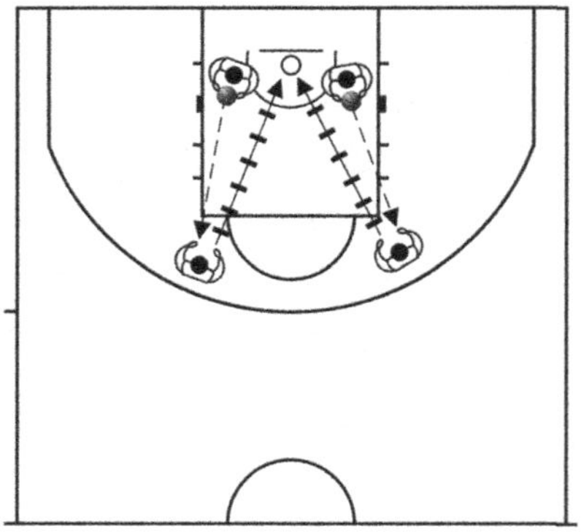

Les joueurs sont placés à l'angle de la raquette ou en poste haut. L'objectif est de recevoir et tirer le plus rapidement possible, le premier joueur qui marque 5 paniers gagne.

- Prêts à recevoir fléchis sur les jambes.
- Mains prêtes.
- Tir rapide.
- Rapidité au rebond.

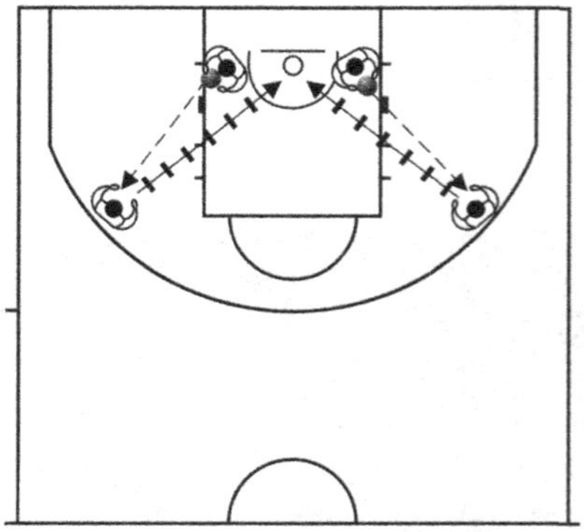

Variante : marquer 5 paniers en changeant de position, à 2 ou 3 points. Choisir le nombre de paniers à marquer selon ses joueurs ou selon la distance.

« Un bon Coach doit s'impliquer davantage : montrer à son joueur des horizons plus vastes et se concentrer sur ses rêves, le tirer de l'ennui, l'aider à faire ressortir le potentiel qu'il n'imaginait pas avoir, l'estimer et le conduire à dépasser la limite de ses limites ».
Gian Paolo Montali

EXERCICE 113 - 1 CONTRE 1

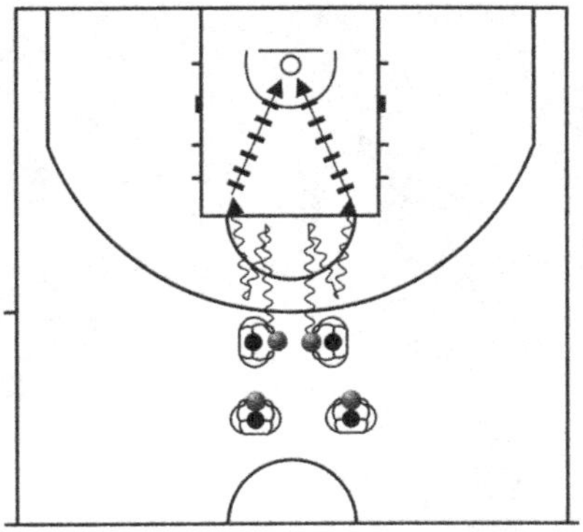

Deux files de joueurs tous avec ballon. Les deux premiers joueurs placés hors de la ligne des trois points en tenant fermement la balle entre les mains. Ils checkent les deux ballons, geste qui donne le signal pour attaquer avec deux dribbles le panier et ensuite revenir, comme sur le diagramme, dans la position initiale hors des trois points et réattaquer après un changement de main dans le dos. Finir par un tir à l'arrêt à deux points. Le premier des deux joueurs qui marque gagne.

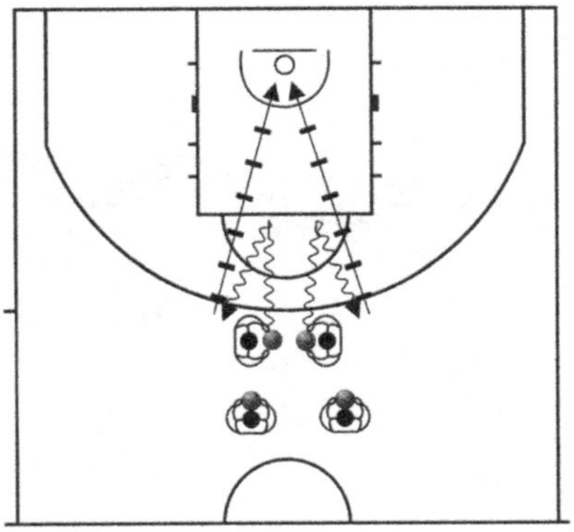

Variante : après checké les ballons, les deux joueurs attaquent le panier avec deux dribbles, reviennent à la position initiale hors des trois points et effectuent un tir derrière la ligne. Le premier des deux joueurs qui marque gagne.

USA
7
AUSTRALIA
10
TOKYO
20

10. EXERCICES POUR LES INTÉRIEURS

EXERCICE 114 - 1VS0 DOS AU PANIER

2 files de joueurs avec ballon sur la ligne de fond à hauteur de la raquette à chaque panier. Le joueur avec ballon fait une auto-passe en poste bas, prend la balle dos au panier, et exécute un départ croisé ou reverse en alternant une fois vers le centre et une fois vers la ligne de fond, puis marque en power lay-up ou en bras roulé.

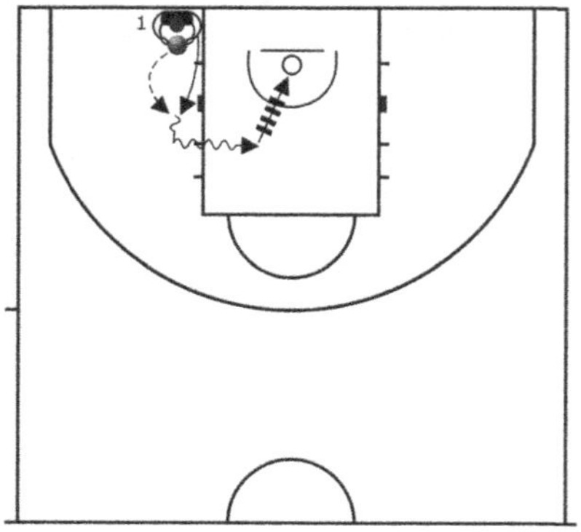

EXERCICE 115 - 1VS0 TRAVAIL POUR LES INTÉRIEURS EN CONTINUITÉ

1 file de joueurs avec ballon sur la ligne de fond à hauteur de la raquette à chaque panier, un coach en appui à l'aile du côté de la file, un joueur en appui à l'aile du côté opposé. Le joueur fait une passe au coach, prend position en poste bas, reçoit la passe de retour, exécute une rotation dorsale avec le pied pivot interne, attaque le panier vers le centre, exécute un virage lorsqu'il rentre dans la raquette et va au panier. Il prend son rebond, passe la balle au coach, s'ouvre en position de playmaker avant de recevoir la passe retour du coach. Il renverse en faisant une passe à l'appui sans ballon et va faire un bloc sur la balle. Il fait ensuite une courbe soit vers le panier soit en s'ouvrant pour tirer hors de la raquette. Après le tir, il prend la place de l'appui, l'appui prend le rebond et va faire la queue. En continuité.

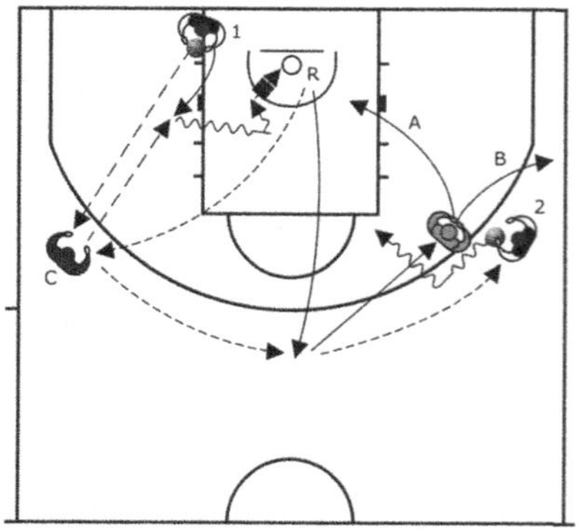

EXERCICE 116 - TRAVAIL POUR LES INTÉRIEURS QUI PARTENT HORS DES TROIS POINTS

L'intérieur attaque le centre et s'arrête en protégeant la balle avec son corps, entre le panier et la balle, dos au panier ; le pied pivot est celui extérieur (sur le diagramme en attaquant du côté droit le pied est celui de gauche), virage et tir protégé en bras roulé.

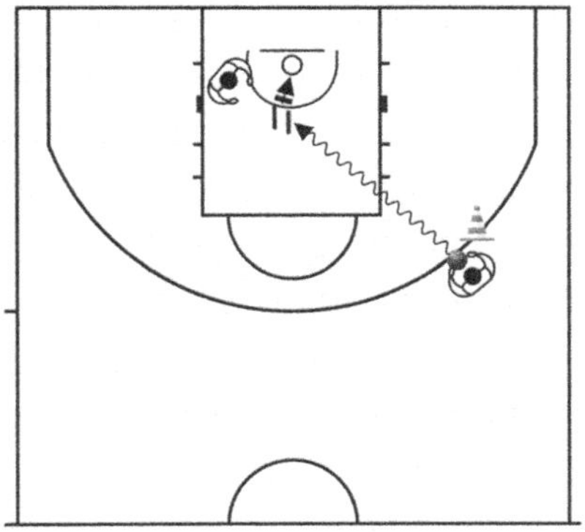

EXERCICE 117 - SOLUTION POUR L'INTÉRIEUR

Travail à l'intérieur : auto-passe, arrêt en faisant face au panier avec pied pivot sur le fond. Feinte de tir, attaque du centre avec un dribble protégé vers la raquette, virage et finition en utilisant la planche.

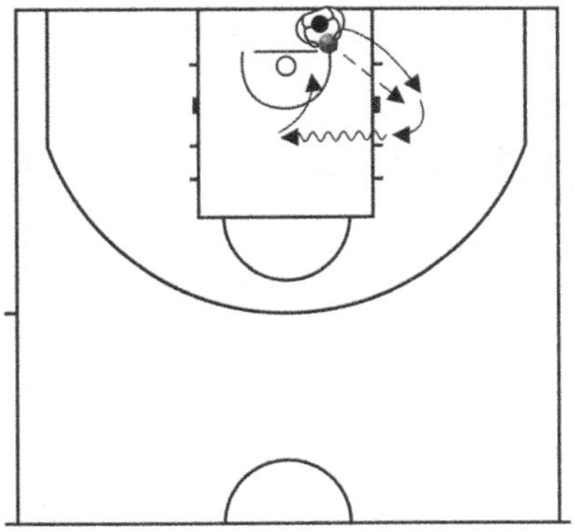

EXERCICE 118 - TRAVAIL POUR LES INTÉRIEURS QUI PARTENT HORS DES TROIS POINTS

Le joueur placé hors des trois points en face du panier se dirige vers l'angle de la raquette où il exécute un virage pour attaquer le panier. Il s'arrête ensuite au demi-cercle intérieur, fait une feinte de tir et un tour complet sur lui-même (360 degrés) avec le pied pivot pour enfin terminer par un tir protégé en utilisant la planche.
Créer une file de joueurs avec ballon en position de meneur ou utiliser 4 autres ballons pour exécuter un exercice individuel d'endurance et effectuer 5 tirs consécutifs.

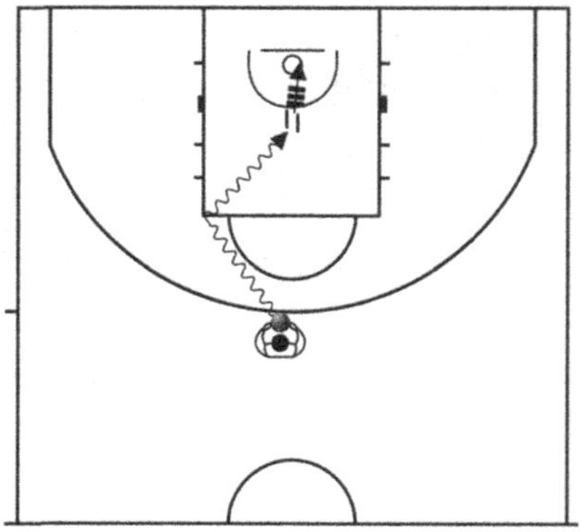

EXERCICE 119 - TAP IN, RECHERCHE DE L'ÉQUILIBRE + TIR

Travail d'équilibre et tap-in avec tir. Jour positionné dans le demi-cercle intérieur d'un côté du panier, il exécute quatre tap-in avec la main extérieure et, au cinquième, il finit en corrigeant son tir avec la planche.

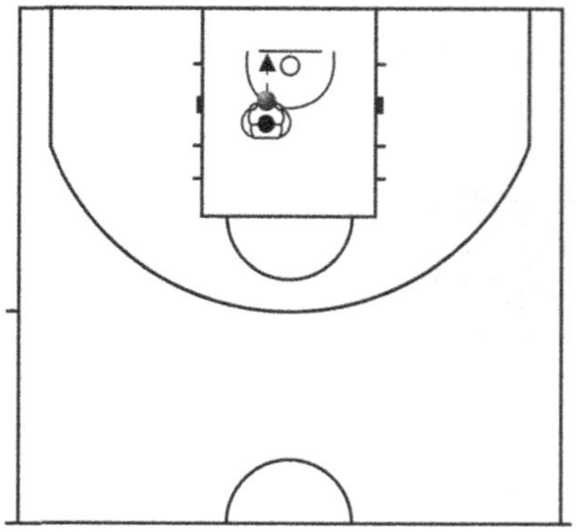

EXERCICE 120 - TRAVAIL AU REBOND + POSITIONNEMENT ET TIR

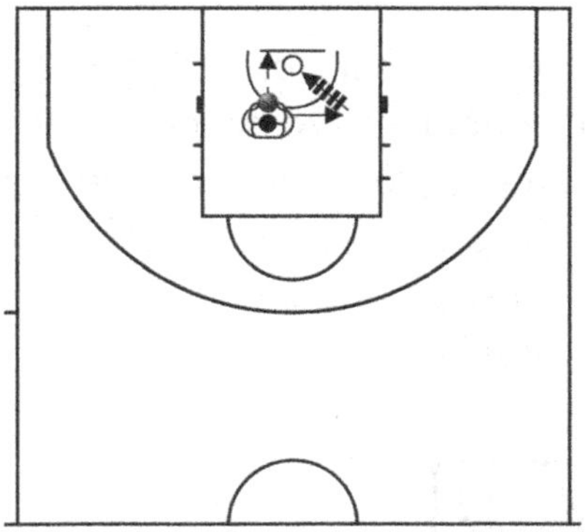

Le joueur placé dans le demi-cercle intérieur d'un côté du panier (comme sur la diagramme), effectue deux sauts vers le haut en tenant toujours la balle au-dessus de la tête (comme s'il voulait essayer de toucher la planche, simulation du rebond) et effectue ensuite un glissement net vers le côté opposé du panier + stabilisation pour chercher l'équilibre et finir par un tir protégé avec la planche.

- Mains fermes sur la balle.
- Épaules parallèles à la ligne de fond.
- Équilibre.

EXERCICE 121 - POSTE BAS

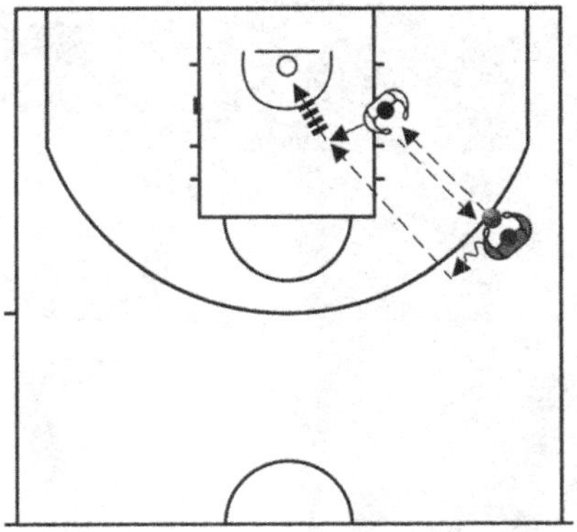

L'intérieur prend position en bas de la raquette et reçoit la passe de l'appui situé à l'aile. Il effectue une feinte de départ vers le centre et repasse la balle à l'appui à l'extérieur. Une fois la passe faite, il fait un travail de pied pivot (tour à 360 degrés, mouvement de bras), il prend position en se déplaçant sur le demi-cercle intérieur et reçoit la balle en effectuant des feintes avec son corps pour déstabiliser le défenseur. Il finit en demi bras roulé protégé vers le centre.

EXERCICE 122 – EXERCICE DE DEXTÉRITÉ POUR LA FINITION DE L'INTÉRIEUR

Le joueur part en dribble, effectue deux doubles crossovers sur les deux premiers plots, au troisième il change de sens et accélère en dribble vers le premier plot où il finit en virage et en tir protégé.

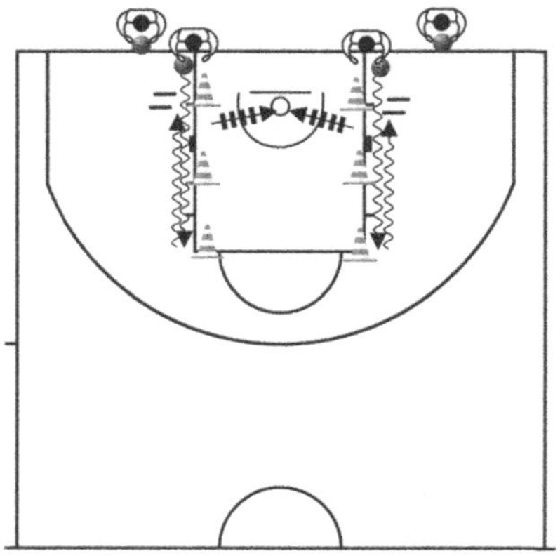

11. EXERCICES POUR LE PICK AND ROLL

EXERCICE 123 - 1VS0 PICK & ROLL POUR LES EXTÉRIEURS

1 file de joueurs avec ballon en position de playmaker, coach en appui à l'aile. Le joueur passe le ballon au coach, va lui faire un bloc et, juste après, s'ouvre vers le panier.

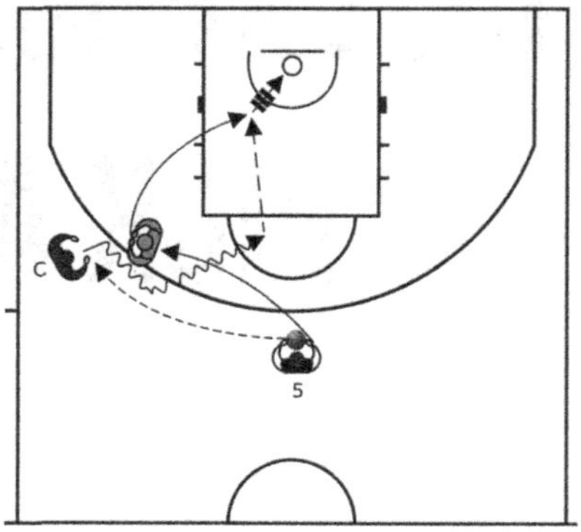

Variante 1vs1 avec utilisation d'un appui : avec deux autres joueurs sans ballon, un en appui à l'aile, un dans la raquette ; après le bloc, celui qui le porte va prendre position contre le défenseur dans la raquette, le coach fait une passe au joueur en appui qui passe la balle au porteur du bloc à l'intérieur pour jouer en 1vs1.

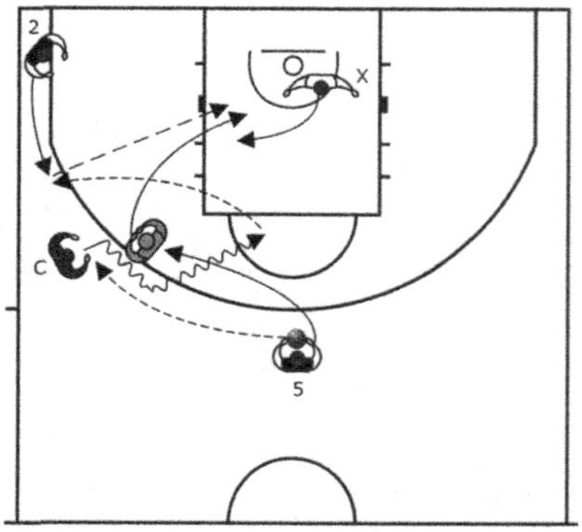

« Si tu donnes le maximum, tu n'as pas à avoir honte. Une défaite n'est pas un fléau. »
Dirk Nowitzki

EXERCICE 124 - 1VS0 PICK & ROLL POUR EXÉTRIEURS

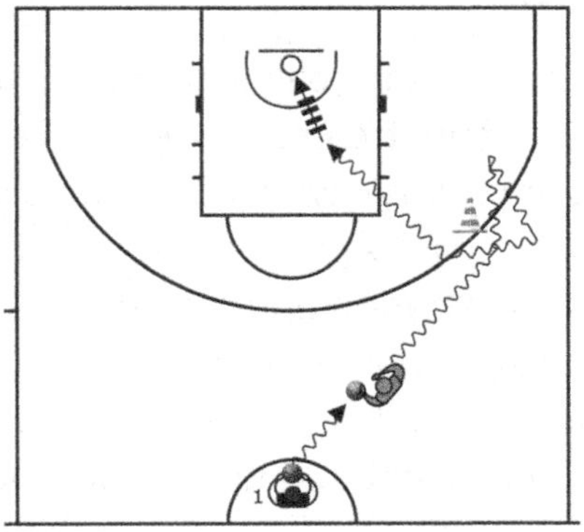

1 file de joueurs avec ballon à mi-terrain pour chaque panier.
Le joueur avec ballon exécute une course latérale en dribblant avec la main intérieure jusqu'au plot, change de main une première fois entre les jambes puis rechange pour attaquer le plot comme si c'était un bloc sur la balle. Le joueur réalise diverses exécutions : attaquer le cercle, tirer à mi-distance, bloc et bloc successif, dribble de recul + réattaquer.

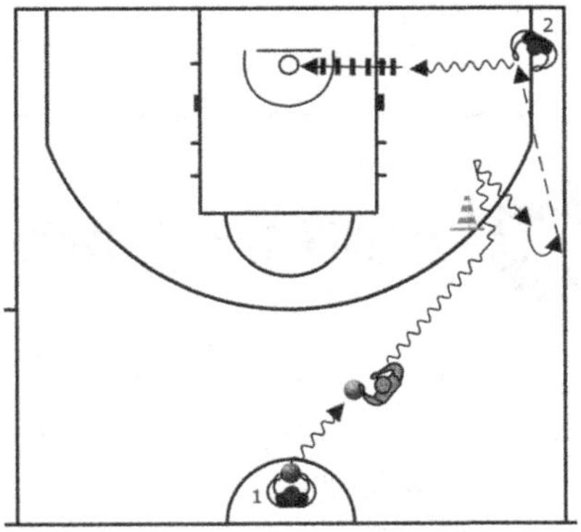

Variante 2vs0 avec utilisation de l'appui : ajout d'une seconde file de joueurs sans ballon à une passe de distance de la file avec ballon. Le joueur avec ballon exécute deux dribbles de recul, fait une rotation dorsale et passe la balle avec la main extérieure au joueur en appui sans ballon qui exécute un dribble avant de s'arrêter et de tirer.

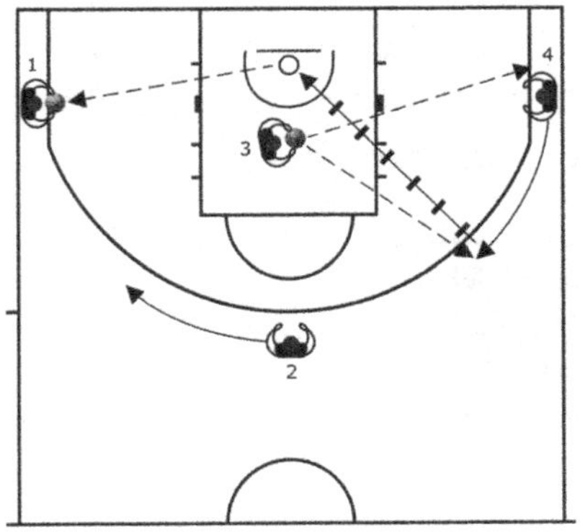

3 peut passer à 2 ou 4 et remplacer, 2 (ou bien 4) peut tirer ou faire une extra-passe au quatrième joueur.

EXERCICE 125 - PICK AND ROLL 1C0 EN CRÉANT UNE SÉPARATION

Le joueur sans ballon attaque l'angle de la raquette et s'ouvre vers l'extérieur pour recevoir la balle hors des trois points. Après réception, il crée une séparation entre lui et son « défenseur » pour utiliser au mieux le Pick and Roll avec la chaise. Il termine par un arrêt et un tir à mi-distance.

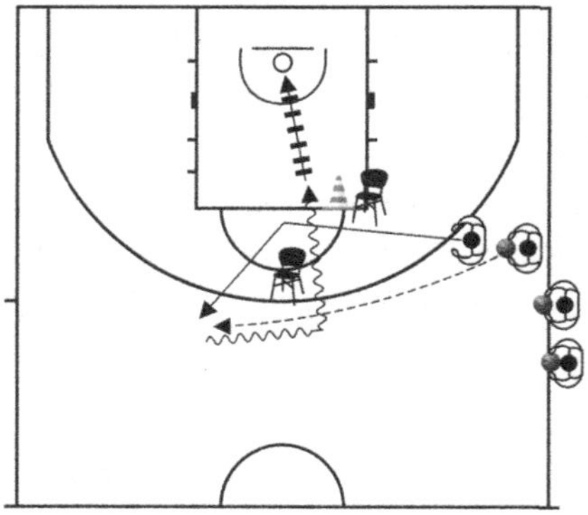

EXERCICE 126 - TRAVAIL SUR LE PICK AND ROLL

Travail sur le Pick and Roll. Deux joueurs avec un ballon positionnés comme sur le diagramme. Le joueur A prend le bloc de B (épaule contre épaule) et cherche le meilleur angle de passe pour faire la passe à B qui, après le bloc, exécute un roll dans la raquette pour recevoir le ballon et finir avec un tir en course.

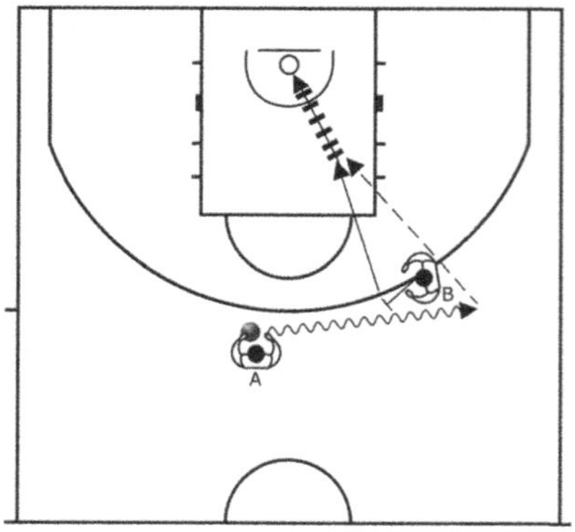

EXERCICE 127 - PICK AND ROLL EN CONTINUITÉ: POP OUT + ENDURANCE

2C0 deux joueurs + 5 ballons. Le joueur A avec ballon en position de meneur utilise le Pick and Roll fait par le joueur B (comme sur le diagramme) et cherche le meilleur angle de passe.

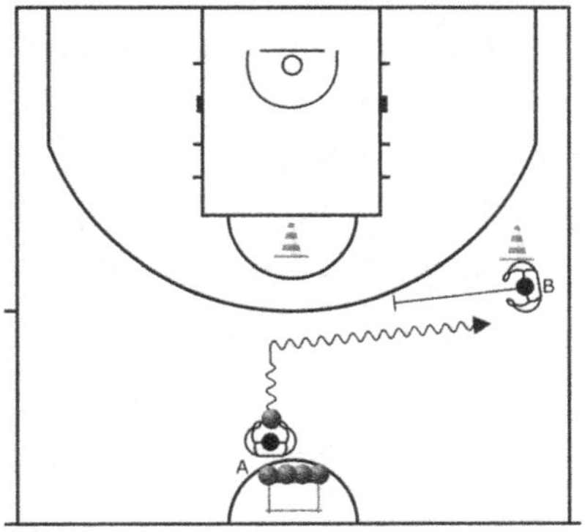

Le joueur B, après avoir bloqué la balle, fait une feinte de roll à l'intérieur (touche le plot comme sur le diagramme) et sort aux trois points en meneur (pop out) pour recevoir la passe de A et tirer à 3 points.
Répéter l'exercice 5 fois pour créer une situation qui fait travailler l'endurance.

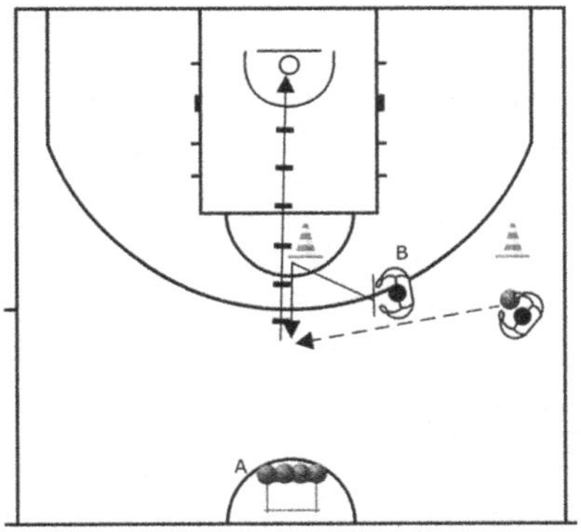

EXERCICE 128 - DRIBBLE + PICK AND ROLL

Une file avec ballon. Le joueur attaque la première chaise avec la main extérieure (comme sur le diagramme) et effectue deux changements de main avant d'utiliser la chaise comme s'il se servait d'un Pick and Roll et de terminer par un tir en course.

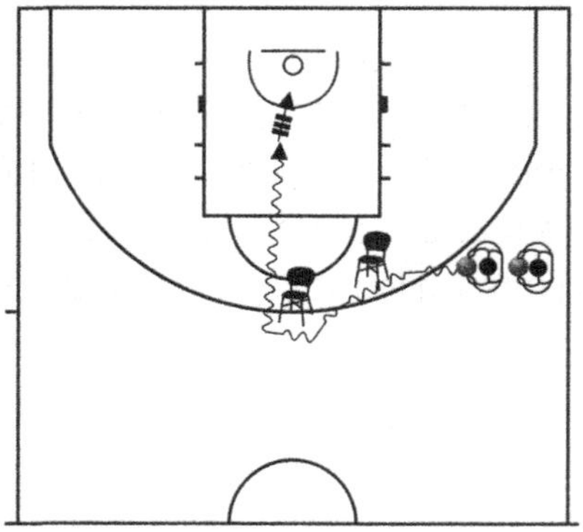

Variante : comme l'exercice précédent en finissant par un tir à l'arrêt.

Dribble rapide et bas. Changements de vitesse. Imaginer « accompagner » le défenseur contre la chaise.

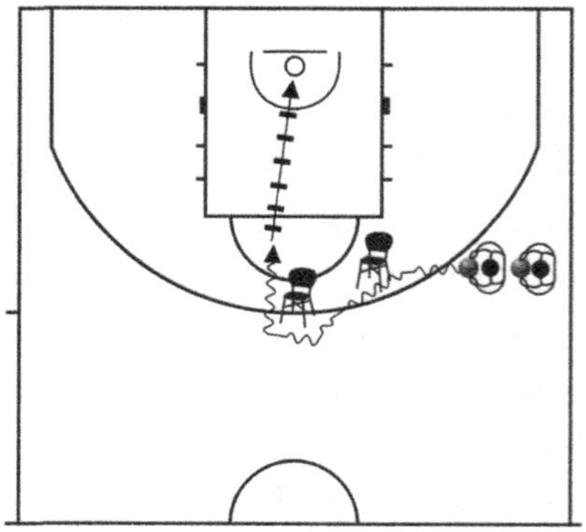

« Un entraîneur est quelqu'un qui te dit ce que tu ne veux pas entendre, te fait voir ce que tu refuses de voir, de manière à ce que tu puisses être ce que tu as toujours su que tu pourrais devenir. »
Tom Landry

12. EXERCICES POUR LA PASSE

EXERCICE 129 - 8 PASSES

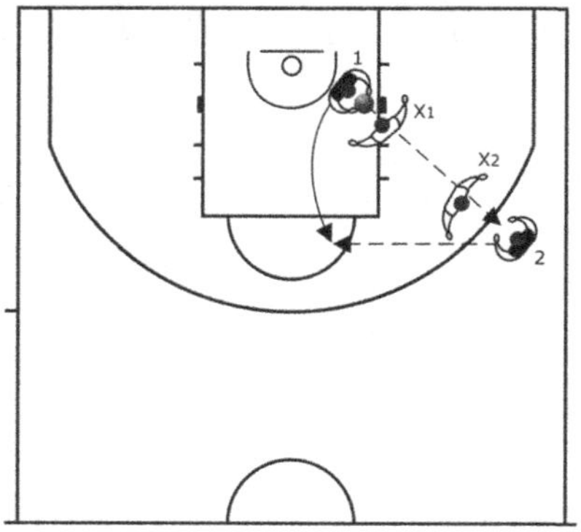

1, 2, X1 et X2 disposés dans un espace délimité du terrain (mi-terrain ou ¼ de terrain pour une augmentation progressive de la difficulté). Le duo en attaque (1 et 2) avec ballon.

Les attaquants doivent se passer la balle sans se faire intercepter par les défenseurs et sans que la balle ne touche le sol (pas de dribble etc.).

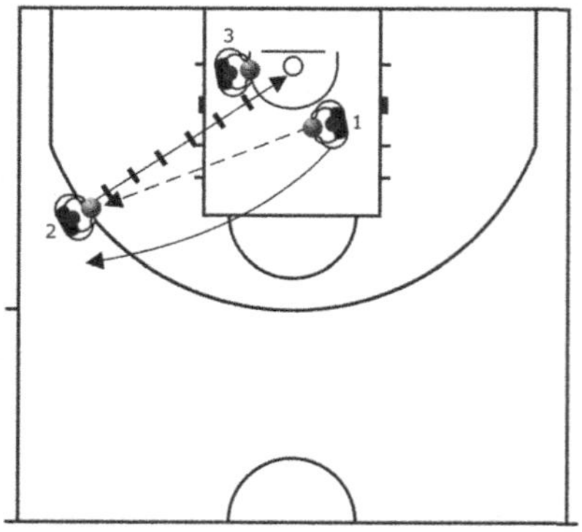

1 attend que 2 soit prêt, il lui fait la passe et va le gêner ; 3 attend que 1 soit prêt, il lui passe la balle puis va à son tour le gêner. Continuité. Pour faciliter la tâche aux joueurs : 1 passe toujours à 2, 2 passe toujours à 3. 3 passe toujours à 1.

EXERCICE 130 - PASSES EN TRIANGLE

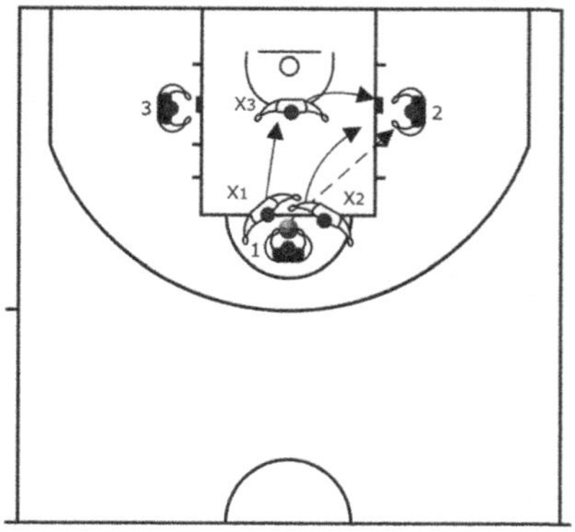

Joueurs 1, 2, 3 disposés autour de la raquette en formant un triangle comme sur le diagramme. Défenseurs X1, X2 et X3 à l'intérieur de la raquette. Attaquant 1 avec ballon.
X1 et X2 font une prise à deux sur 1. 1 doit protéger avec force la balle et la passer à 2 ou à 3. Si 1 passe le ballon à 2, X2 et X3 font une prise à deux.

EXERCICE 131 - EXERCICE POUR LA PASSE

Les joueurs disposés en triangle exécutent différents types de passes.

Comme l'exercice précédent, avec les joueurs assis par terre, les jambes en tailleur.

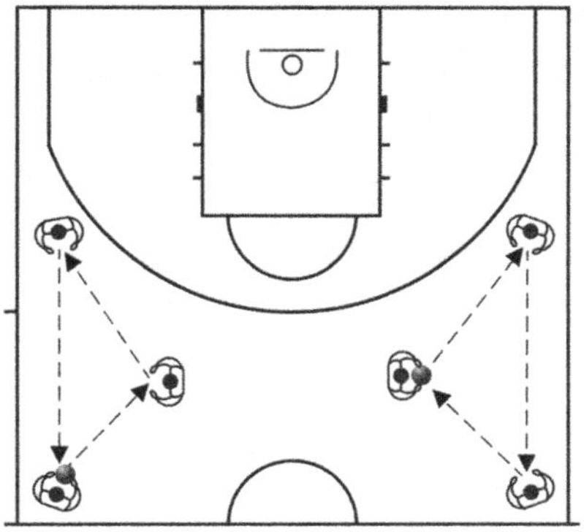

EXERCICE 132 - EXERCICE POUR LA PASSE

Deux attaquants à pas plus de 4 mètres de distance et un défenseur qui suit toujours le ballon : celui qui doit recevoir la balle se déplace pour créer une ligne de passe.

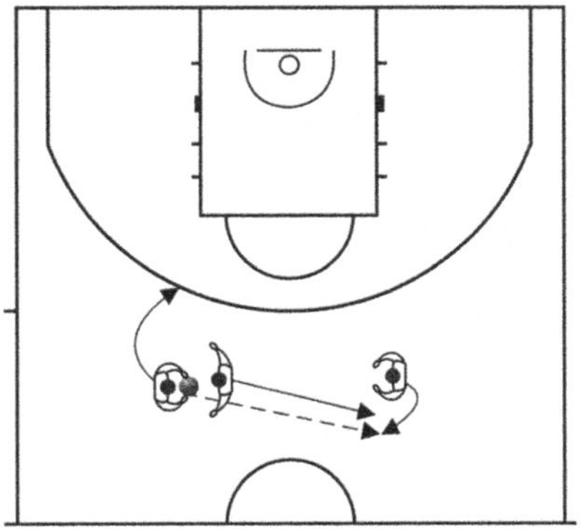

« Le succès n'est pas un accident, le succès est un choix. »
Stephen Curry

EXERCICE 133 - EXERCICE POUR LA PASSE

Joueurs disposés en losange, 1 et 2 avec ballon : 1 passe la balle à 3 et court prendre la place de 2 qui, entre temps, fait la passe à 4 et court prendre la place de 1.

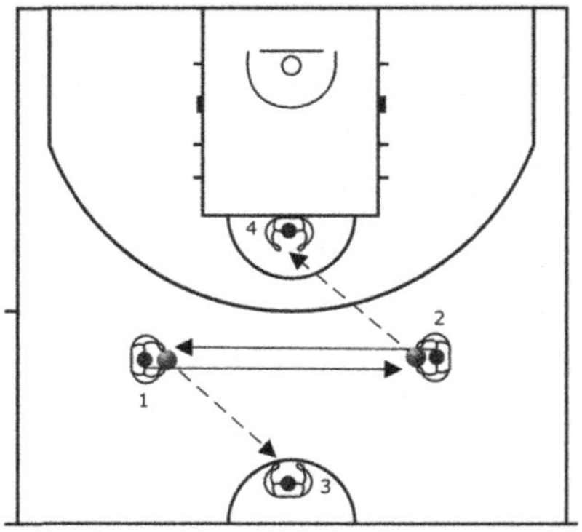

Un fois les places échangées, 1 reçoit la passe de 4, et 2 de 3.

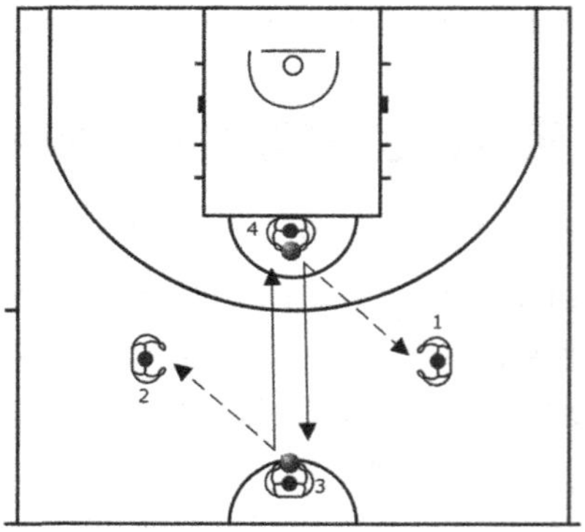

« Un bon résultat, c'est d'avoir fait de ton mieux. »
John Wooden

EXERCICE 134 - EXERCICE POUR LA PASSE

Joueurs disposés dans les quatre angles de la moitié de terrain, 1 avec ballon : 1 dribble vers 2, pendant ce temps 3 fait un pas en avant avec le pied gauche et un latéral avec le pied droit de manière à se positionner devant 2. 1 passe la balle à 3 qui exécute un quart de tour et commence à dribbler vers 4 pendant que 5 exécute le même mouvement que 3 avait effectué. 1, après avoir fait la passe à 3, se positionne devant 2.

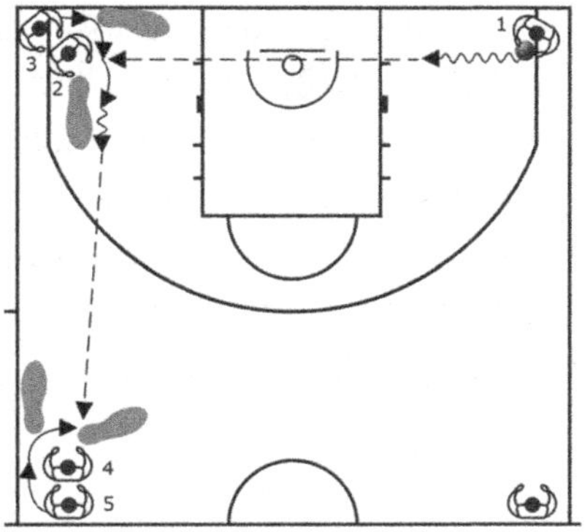

EXERCICE 135 - EXERCICE POUR LA PASSE

Joueurs disposés en quatre files en losange : ils font une passe et se mettent dans la file où ils ont passé la balle ; l'entraîneur annonce le type de passe à utiliser ainsi que le sens de la direction de la passe.

EXERCICE 136 - EXERCICE POUR LA PASSE

Joueurs en trio placés dans les trois angles d'un carré, 1 avec ballon : 1 fait la passe à 2 et court se placer dans l'angle libre ; 2 exécute un tour sur lui-même en utilisant son pied pivot, fait la passe à 3 et court se mettre lui aussi dans l'angle désormais libre.

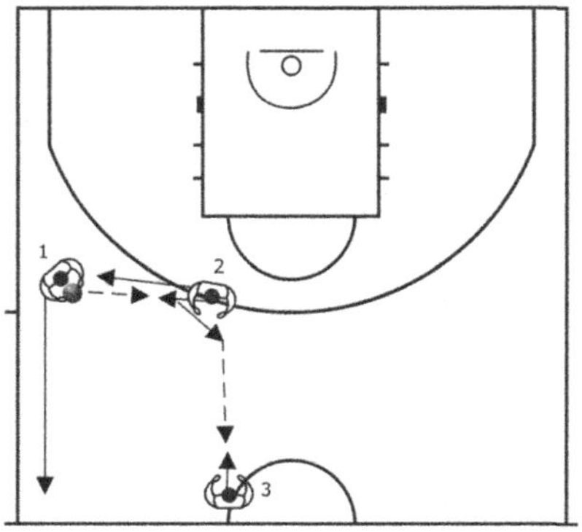

EXERCICE 137 - EXERCICE POUR LA PASSE

Trois joueurs sur la ligne latérale de la moitié de terrain et un joueur sous le panier avec ballon : chaque joueur fait la passe et va se placer en face (Pentassuglia).

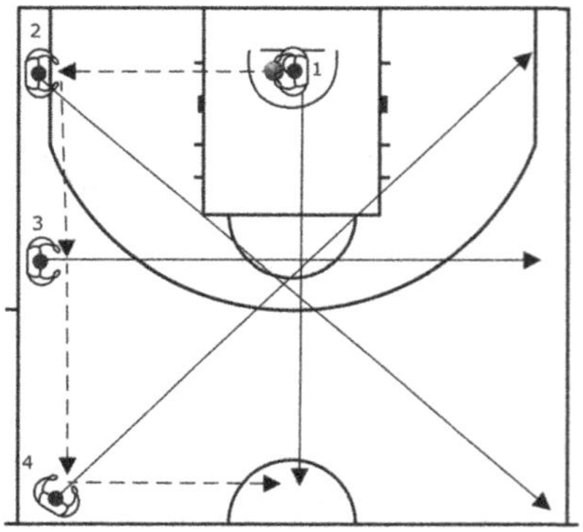

EXERCICE 138 – EXERCICE POUR LA PASSE

Comme l'exercice précédent, 1 après la seconde passe va au panier.

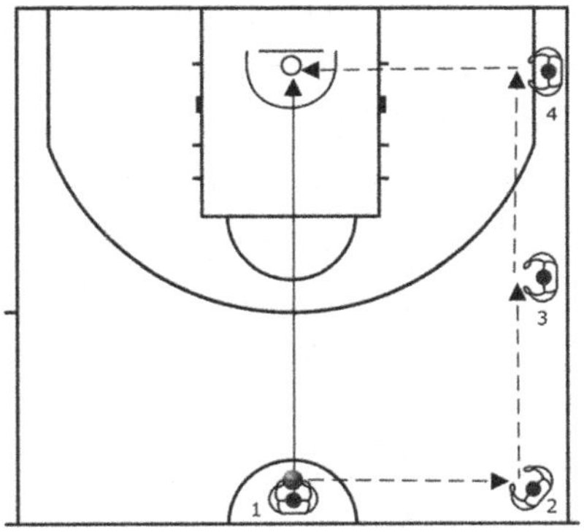

EXERCICE 139 – EXERCICE POUR LA PASSE

Trois joueurs en ligne et un devant le joueur central, deux ballons : passer la balle rapidement comme indiqué.

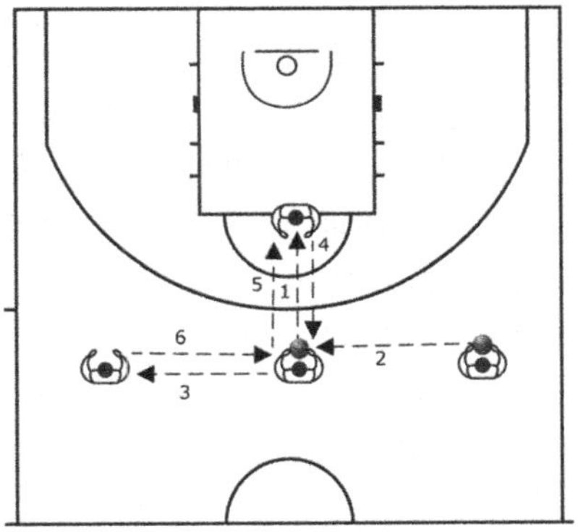

« Si nous faisons quelque chose une fois et que nous recommençons, le seul fait de la répéter rend le processus d'apprentissage de ce que nous voulons faire plus simple et automatique. Il commence à nous être familier. Il commence à être facile. Il commence à être naturel et à devenir inconscient ».
Joe Dispenza

EXERCICE 140 - EXERCICE POUR LA PASSE

Joueurs deux par deux, un devant et un derrière, le premier avec ballon, en position centrale : le joueur avec ballon part en dribble et, sur la ligne de lancer-franc, s'arrête et saute comme s'il voulait tirer. Le second joueur, qui a couru derrière le premier, coupe vers le panier (à droite ou à gauche), reçoit la balle et tire.

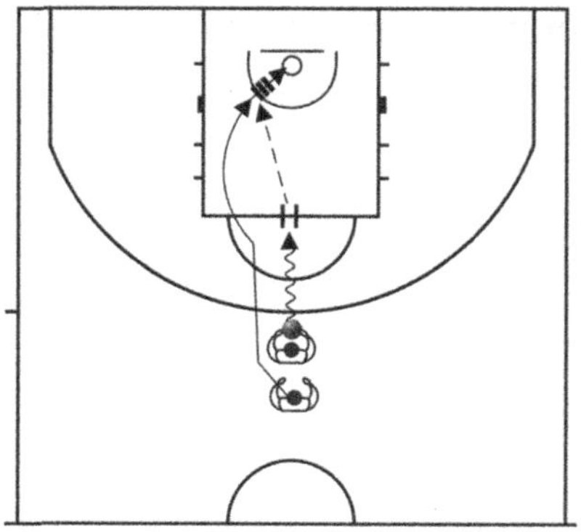

EXERCICE 141 - EXERCICE POUR LA PASSE

Joueurs quatre par quatre, un attaquant avec ballon, un attaquant en face, deux défenseurs : quand 1 commence à dribbler les deux défenseurs courent faire une prise à deux ; 1 fait des feintes et passe ensuite la balle à 2 en faisant une passe à deux mains au-dessus de la tête.

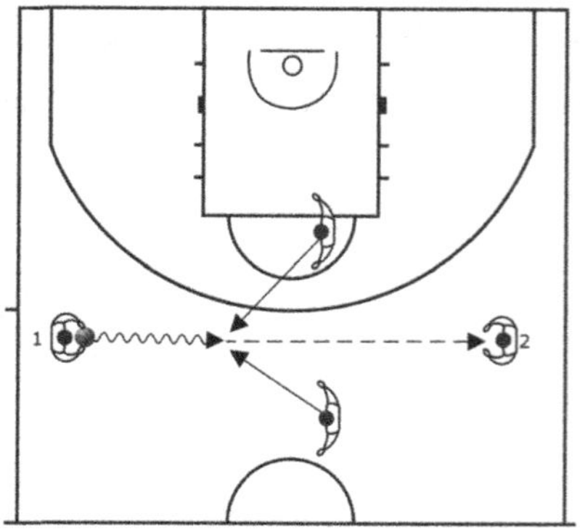

EXERCICE 142 - EXERCICE POUR LA PASSE

Comme l'exercice précédent, tout terrain.

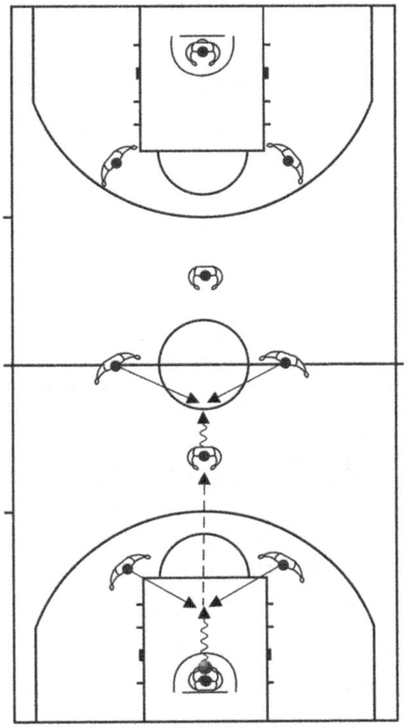

EXERCICE 143 - EXERCICE POUR LA PASSE

Joueurs disposés en carré, et un cinquième joueur au milieu, comme sur le diagramme : 1 passe le ballon à 5 et va porter un bloc pour 4 qui coupe vers le centre prendre la place de 5. Celui-ci passe à 2 et va prendre la place de 1 pendant que 1 va prendre la place de 4.

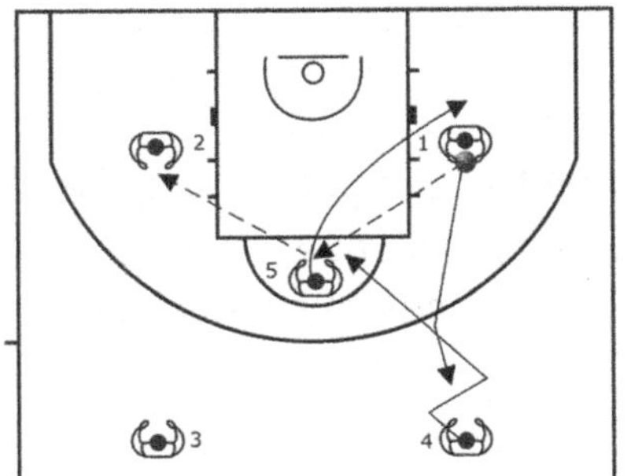

2 passe à 4 et va porter un bloc pour 3 qui va vers le centre à la place de 4. Celui-ci passe à 5 et va prendre la place de 2 pendant que 2 va prendre la place de 3 ; ainsi de suite.

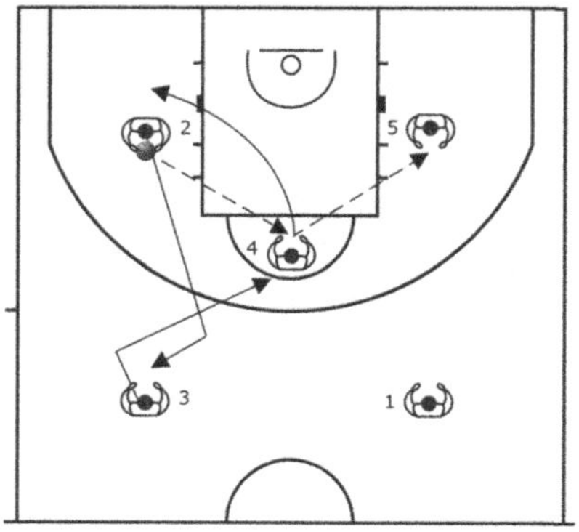

EXERCICE 144 - ÉCHAUFFEMENT AVEC EXERCICES DE PASSES

4 files dans un demi-terrain. 3 joueurs par file, commencer avec un ballon. Le joueur avec ballon effectue deux dribbles et passe la balle au joueur de la file d'en face > il coupe pour recevoir à nouveau le ballon et le passer au premier joueur de la file C. Le joueur de la file C effectuera les mêmes mouvements du côté opposé.

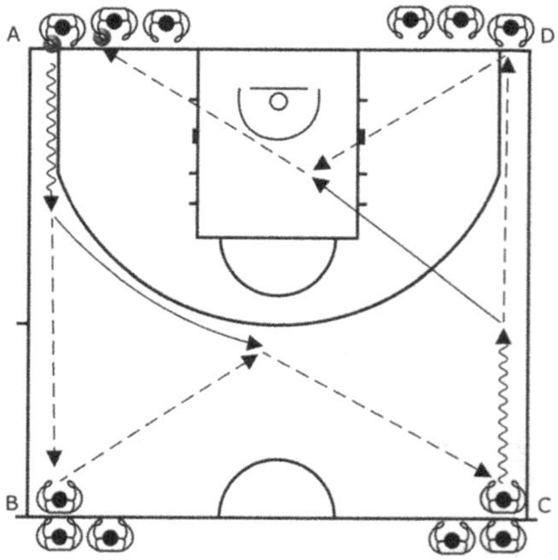

Variante : quand ton équipe a compris l'exercice, tu peux essayer d'ajouter un deuxième et un troisième ballon.

13. EXERCICES POUR LES ÉCRANS DE RETARD

EXERCICES 145 - ÉCRANS DE RETARD

Le Coach lance la balle contre la planche, en dirigeant le ballon vers la zone du premier joueur. Le premier de la file (en tenant compte du point de chute du ballon) saute, prend la balle et tire.

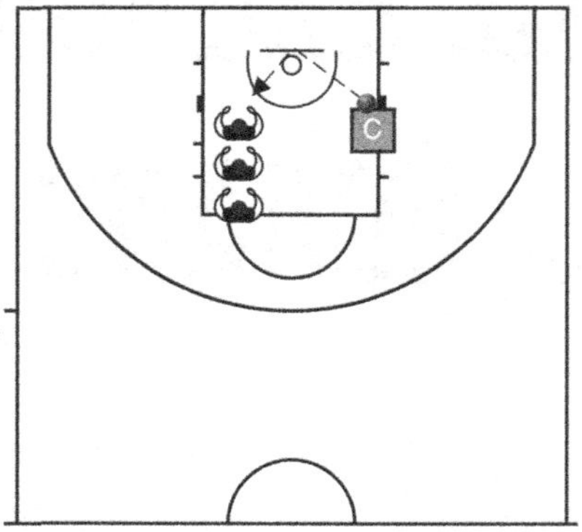

Première variante : même exercice exécuté avec différentes finitions (utilisation du pied pivot et des feintes).

Seconde variante : le joueur, en phase de « prise » de balle, touche d'abord la balle avec une main pour la diriger vers une zone qui lui permettra une réception plus facile, puis la « conquiert » à deux mains et tire.

EXERCICE 146 - ÉCRANS DE RETARD

Le défenseur remet le ballon à l'attaquant (le premier de la file), qui tire. Le défenseur exécute un écran de retard et l'attaquant essaye de récupérer le rebond. Si la balle est récupérée par le défenseur, ce dernier fait une ouverture à l'angle au Coach. À partir de ce moment, l'exercice repart en continuité : le Coach fait la passe au premier de la file (qui a fait quelques pas vers l'angle de la raquette) ; celui qui vient d'attaquer passe en défense et court exécuter l'écran de retard sur le nouveau attaquant ; le premier défenseur, après avoir fait l'ouverture, retourne faire la queue.

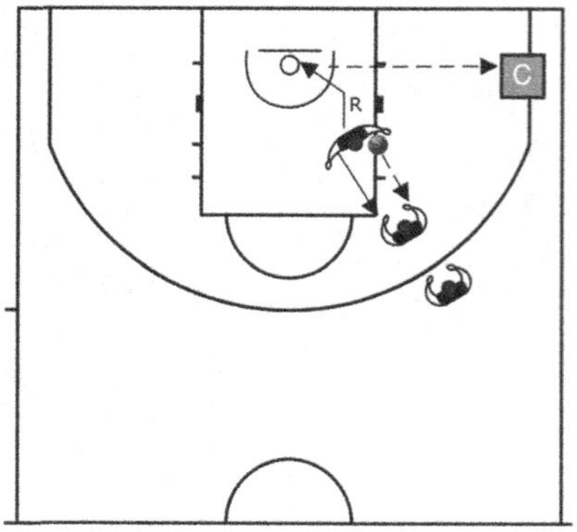

EXERCICE 147 - ÉCRANS DE RETARD

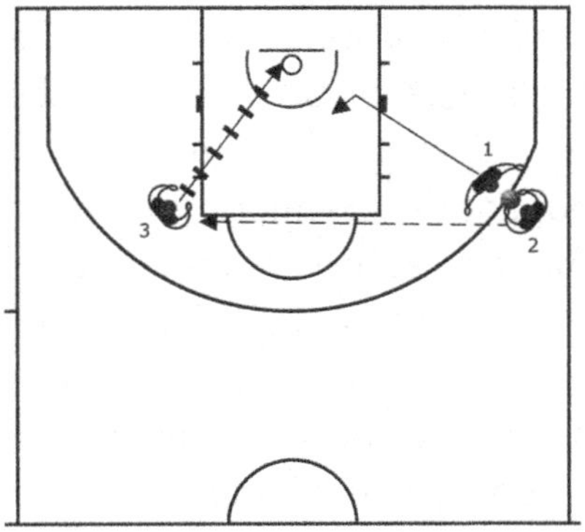

2 passe le ballon à 3; le défenseur exécute un ajustement défensif (renversement du côté fort au côté faible) ; 3 tire ; le défenseur exécute un écran de retard sur 2 qui, pendant ce temps, sera allé au rebond.

Rotation dans le sens inverse des aiguilles d'une montre : 1 devient tireur ; 3 prend la place de 2 ; 2 devient défenseur.

EXERCICE 148 - ÉCRANS DE RETARD

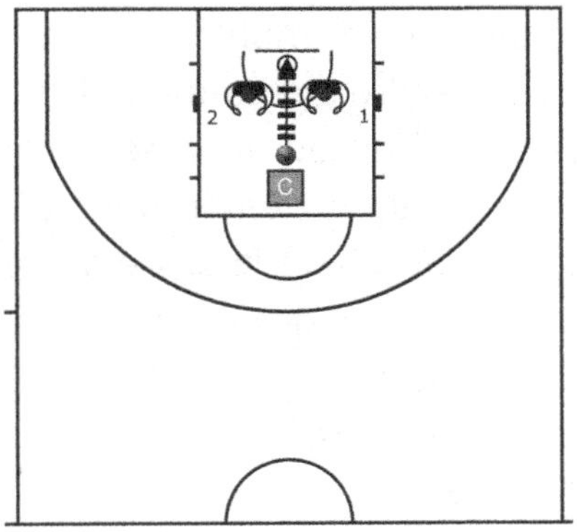

1 et 2 sont dos au panier ; le Coach tire pendant que les joueurs se battent pour le rebond (contacts, centre de gravité et utilisation des pieds pivots). L'exercice finit quand un des deux joueurs réalise trois paniers (bien évidemment, après le premier panier, il faut reprendre la balle pour tirer à nouveau).

Variante : on peut réaliser le même exercice avec trois joueurs ; le nombre de paniers qu'il faut marquer pour changer de duo ou trio peut varier.

EXERCICE 149 - ÉCRANS DE RETARD

1 passe le ballon à 2 et essaie de recevoir la balle en se démarquant ; 1, s'il ne réussit pas à prendre la balle en coupant la première fois, essaie de jouer en bas de la raquette ; 2, s'il n'arrive pas à passer le ballon à 1 même en bas de la raquette, attend quelques secondes et tire ; 1 et le défenseur se battent pour récupérer le rebond. L'exercice finit toujours par un panier.

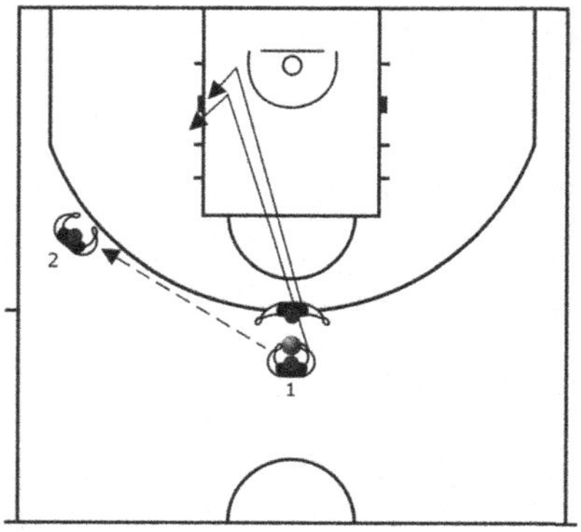

EXERCICE 150 - ÉCRANS DE RETARD

1 joue 1c1 en dribble ; s'il ne réussit pas à prendre directement l'avantage sur son défenseur il passe la balle à 2 et essaie de se démarquer ; 2, s'il ne réussit pas à faire la passe à 1, attend quelques secondes et tire ; 1 et le défenseur se battent pour récupérer le rebond. L'exercice finit toujours par un panier.

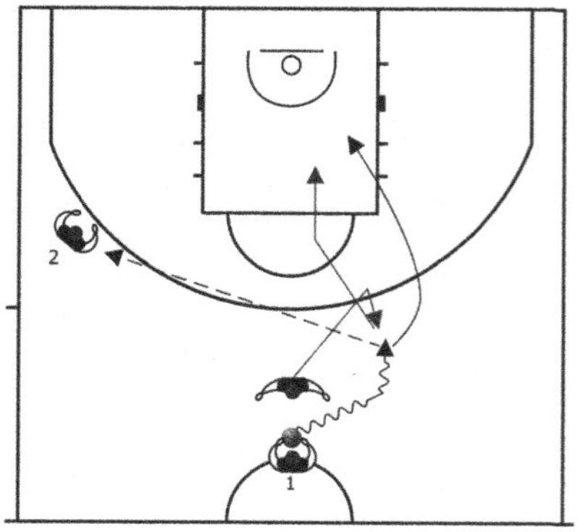

« Ne sous-estime jamais le cœur d'un champion ».
Rudy Tomjanovich

EXERCICE 151 - ÉCRANS DE RETARD

Joueurs extérieurs tireurs, joueurs intérieurs répartis en deux duos (1-2 contre 3-4) qui se battent pour le rebond ; le joueur avec ballon tire et les joueurs intérieurs font des écrans de retard. Le premier joueur qui prend le rebond exécute directement une ouverture sur un des quatre joueurs extérieurs ; le joueur extérieur qui reçoit la balle tire. L'exercice peut être réalisé jusqu'à un certain nombre de rebonds (par ex. 4) récupérés par un des duos.

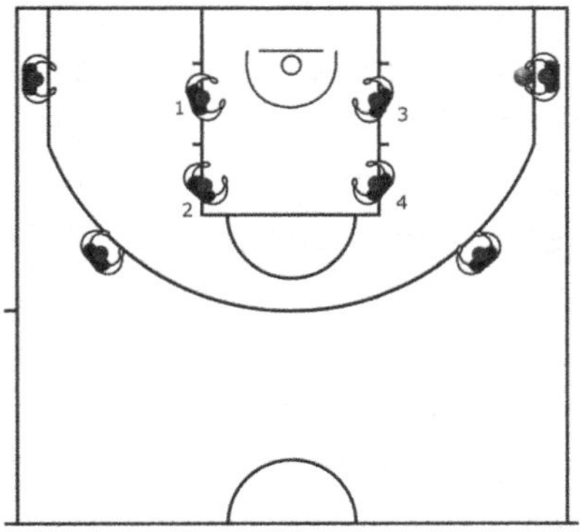

Variante : Possibilité d'ajouter deux ballons pour les extérieurs (le second tireur devra attendre qu'un joueur ait au moins pris le rebond avant de tirer).

EXERCICE 152 - ÉCRANS DE RETARD

1 fait une passe skip à 2; le défenseur se repositionne ; 2 exécute une pénétration en dribble ; le défenseur ferme la ligne de pénétration ; 2, après avoir fait quelques dribbles de recul, s'arrête et tire ; le défenseur, pendant que 2 recule, se rapproche de 1 et, au moment où le tir part, exécute l'écran de retard.

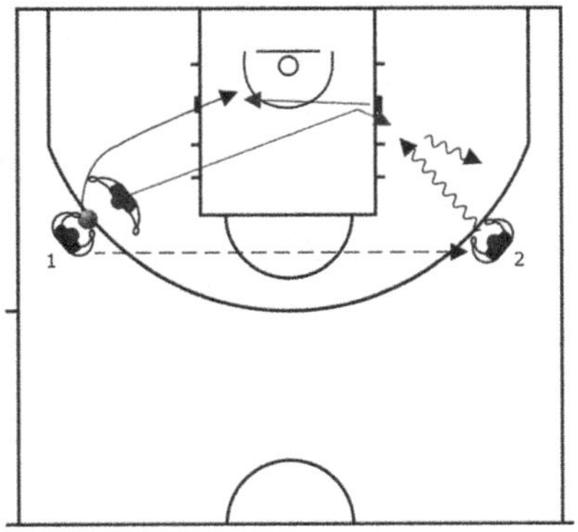

EXERCICE 153 - ÉCRANS DE RETARD

Par rapport à l'exercice précédent, nous ajoutons un duo en bas de la raquette (5/X5). La pénétration en dribble de 2 est bloquée par X5 ; X1 aide le coéquipier en allant gêner la ligne de passe vers 5 ; quand 2 sera en train de reculer en dribble, les défenseurs regagneront leurs positions initiales et, quand le tir de 2 partira, ils seront prêt à exécuter un écran de retard sur « leur » joueur.

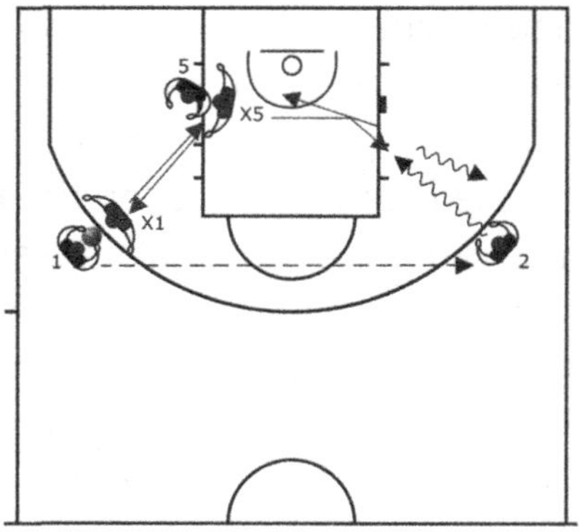

EXERCICE 154 - ÉCRANS DE RETARD

2 part en dribble en essayant d'aller au panier avec X2 qui le rattrape en partant d'une position désavantageuse ; X5 ferme la ligne de pénétration et X1 aide son coéquipier ; 2 passe la balle à 1 qui va au panier pendant que X2 essaye de le rattraper ; Exécution d'écrans de retard et jeu jusqu'à récupération du rebond ou panier marqué.

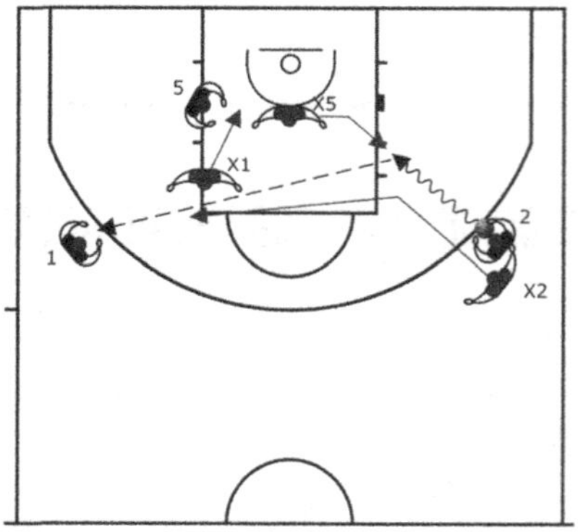

EXERCICE 155 - ÉCRANS DE RETARD

Une intéressante progression de l'exercice précédent peut être effectuée en ajoutant la figure du Coach derrière la ligne de fond. On joue normalement comme l'exercice précédent mais, quand le Coach présente sa main, l'attaquant doit lui passer le ballon. La défense doit s'adapter : le joueur le plus proche doit aller gêner la ligne de passe du Coach pendant que les autres défenseurs s'adaptent. Le Coach fait la passe à un des joueurs extérieurs qui exploite l'avantage et va jusqu'à la finition.

Variantes :

- Nous pouvons ajouter un autre ou même deux duos pour un 5c5 ;
- Nous pouvons ajouter deux Coachs au fond du terrain pour faciliter les passes à l'attaque.

TOKYO 2020
DURANT
7
TOKYO 2020

14. EXERCICES POUR LA DÉFENSE

EXERCICE 156 - DE LA DÉFENSE À L'ATTAQUE

Le joueur en défense protège le panier de la pénétration, l'attaquant finit avec un arrêt alternatif dos au panier. Le défenseur, après avoir gêné le ballon en bas de la raquette, laisse l'attaquant pour courir dans un premier temps simuler une aide à l'aile avant de sprinter en position de meneur pour recevoir la balle et tirer à trois points.

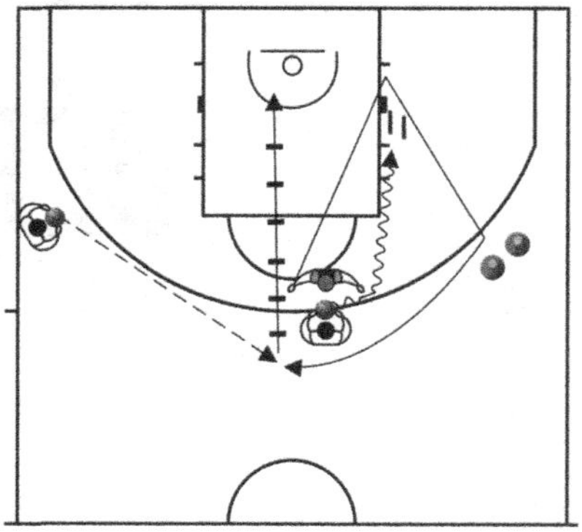

EXERCICE 157 - DE LA DÉFENSE À L'ATTAQUE

Joueur avec ballon pénètre vers le centre, passe la balle à l'aile et court vers le défenseur pour simuler un close out. Il pénètre vers le fond avec deux/trois glissements, après quoi il remonte vers les lancers-francs pour recevoir le ballon et effectuer un tir à mi-distance.

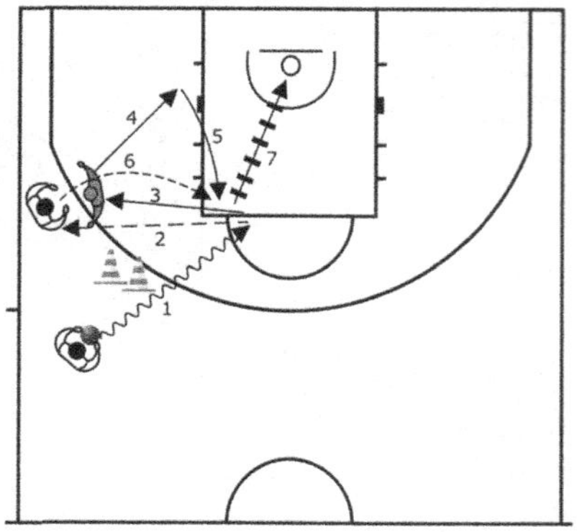

EXERCICE 158 - GLISSEMENT EN DÉFENSE SUR LA BALLE

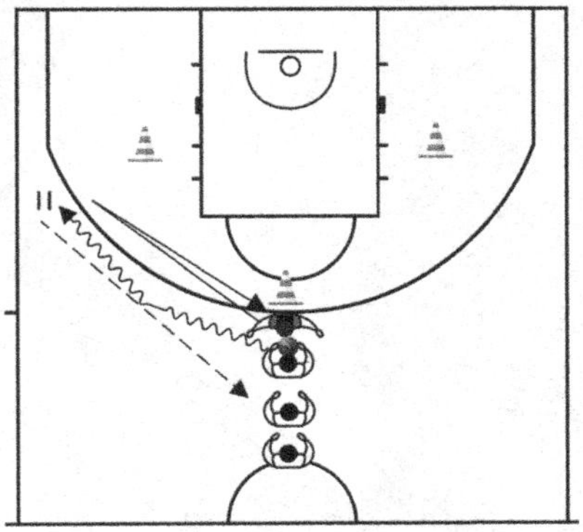

4 joueurs à la file avec un ballon comme sur le diagramme. Le premier joueur est en défense sur la balle et continue de glisser jusqu'à l'aile. Une fois que le joueur en attaque a rejoint la position, il passe le ballon au premier de la file. Le défenseur « vole » avec le ballon et court en haut de la raquette. Le nouveau attaquant attend le défenseur et fait le même travail que l'attaquant précédent.

Rotation : le défenseur effectue quatre répétitions consécutives. Rotation en allant à la queue et le premier devient défenseur.

« Il n'y a pas meilleure source de motivation sur terre que soi-même ».
Magic Johnson

FOURNIER
10

15. EXERCICES POUR LES FONDAMENTAUX SANS BALLON

EXERCICE 159 – FONDAMENTAUX SANS BALLON

Joueurs alignés sur la ligne médiane et sur les lignes latérales de la moitié de terrain, hors du terrain : sur commande (« dedans », « dehors ») ils exécutent un petit saut pour entrer sur le terrain et pour ensuite en sortir ; à la consigne « changement » ils exécutent un petit saut en faisant une rotation de 180°.

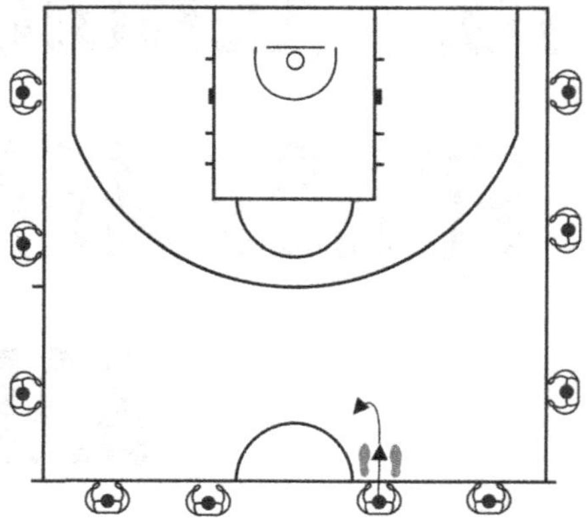

Ils peuvent être positionnés aussi bien parallèlement que perpendiculairement à la ligne.

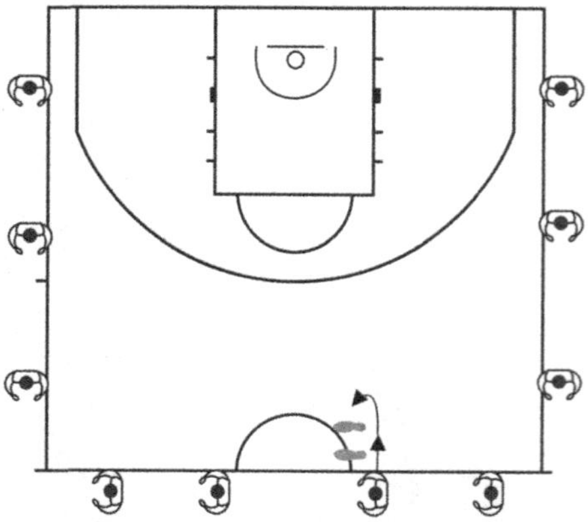

EXERCICES 160 - FONDAMENTAUX SANS BALLON

Joueurs à la file dans un des angles du fond de terrain : courir le long de la ligne latérale, à chaque angle de la moitié de terrain exécuter un changement de direction.

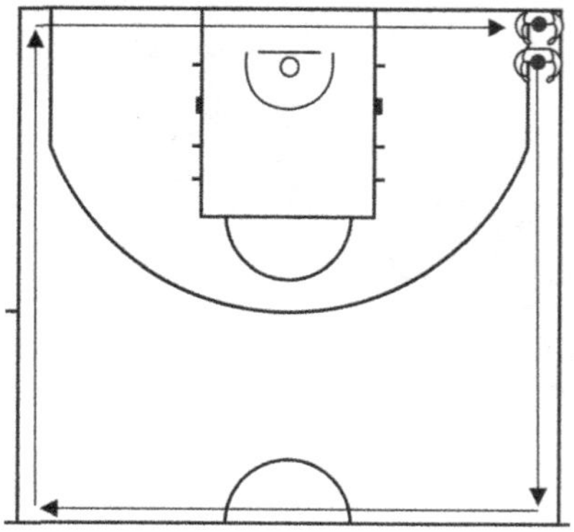

EXERCICE 161 - FONDAMENTAUX SANS BALLON

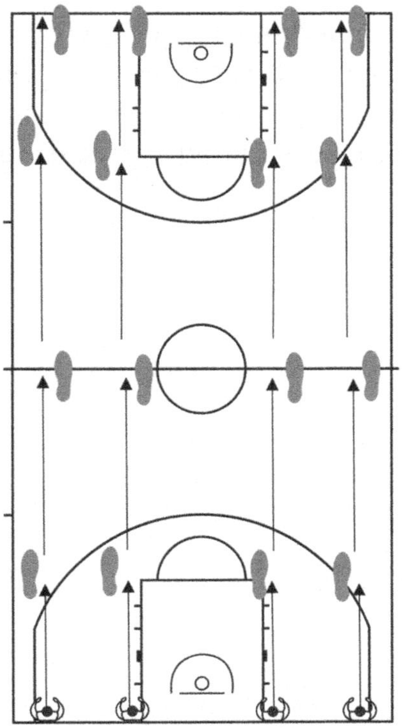

Joueurs en rang le long de la ligne de fond : courir lentement, s'arrêter sur un pied sur la ligne de lancer-franc, sur la ligne médiane, sur l'autre ligne de lancer-franc, sur la ligne de fond ; l'équilibre du corps doit être immédiat, les épaules alignées avec les pieds, dans la même direction. Augmenter à chaque fois la vitesse, changer de pied à chaque arrêt.

Comme l'exercice précédent avec arrêt simultané.

Comme l'exercice précédent, avec tour en course (180°), à l'allée pied pivot droit, au retour pied pivot gauche ; ne pas se lever pendant le tour.

Comme l'exercice précédent, avec arrêt simultané et rotation dorsale (à l'allée pied pivot droit, au retour pied pivot gauche) ; idem avec la rotation frontale (à l'allée pied pivot droit, au retour pied pivot gauche).

Comme l'exercice précédent, en exécutant un changement de vitesse sur commande.

EXERCICE 162 - FONDAMENTAUX SANS BALLON

Comme l'exercice précédent, au retour exécuter un sprint jusqu'à la moitié du terrain, puis se retourner et courir à reculons jusqu'au fond du terrain.

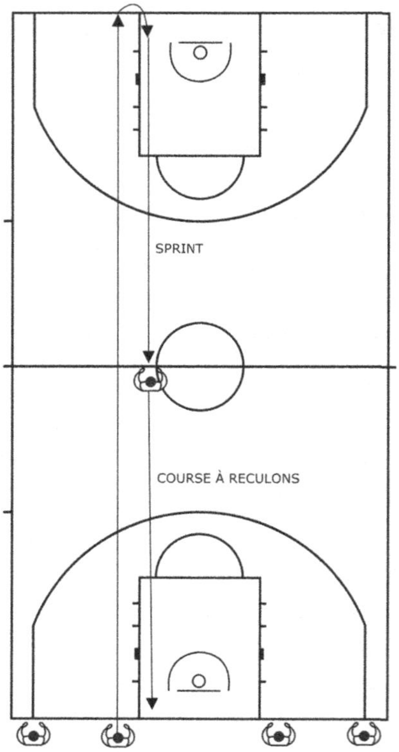

EXERCICE 163 - FONDAMENTAUX SANS BALLON

Comme l'exercice précédent, en exécutant dans les angles de la moitié de terrain un changement de sens, sur la ligne de lancer-franc et dans l'angle du fond de terrain un changement de direction.

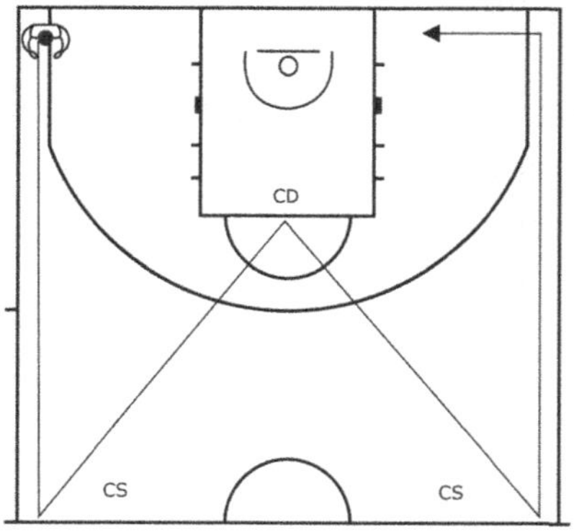

EXERCICE 164 -TRAVAIL DANS LES ESPACES EN ATTAQUE

Le joueur B à l'aile dribble sur place avec deux ballons pendant que ses deux coéquipiers (A et C) coupent vers le panier et vont occuper les positions libres. Le joueur C reçoit la balle en haut de la raquette aux trois points, donne une impulsion au ballon pour partir en dribble et pénètre en terminant en double pas.

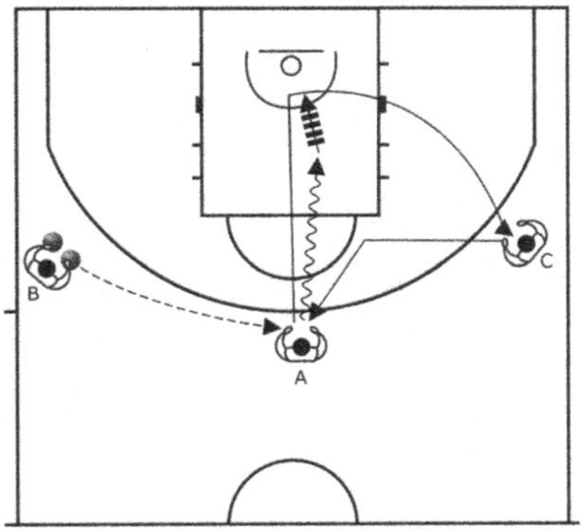

Important :

- Le concept d'espace/temps.
- La coupe de A doit être exécutée jusqu'en dessous du panier avec les yeux sur le ballon.
- C avant le remplacement exécute un changement de direction.

Pendant que C'est sur le point de tirer, B et A se croisent en haut des trois points pour effectuer une passe de la main à la main. A, après avoir reçu le ballon, cherche un meilleur angle de passe pour B qui effectue un roll à l'intérieur. B reçoit la passe de A et va au panier. C, après avoir tiré et pris son propre rebond, se dirige en poste bas (comme sur le diagramme) et passe le ballon à A qui effectue un tir à 3 points.

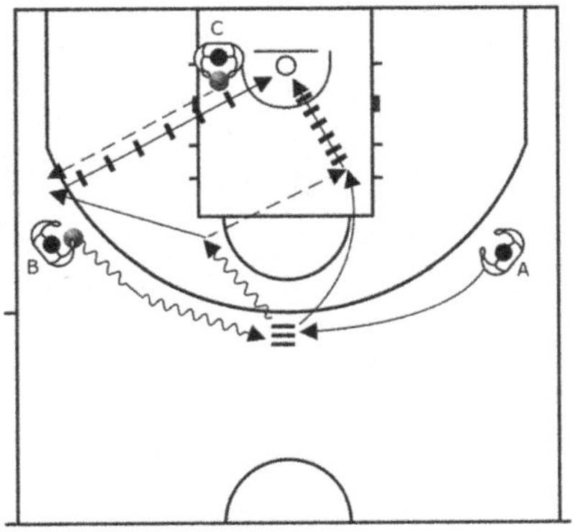

UN EXERCICE AVEC : COACH DAN HUGHES

5 CONTRE 5 RUSH DRILL

Un de mes exercices préférés pour travailler sur la transition offensive et défensive est le 5 contre 5 Rush Drill.

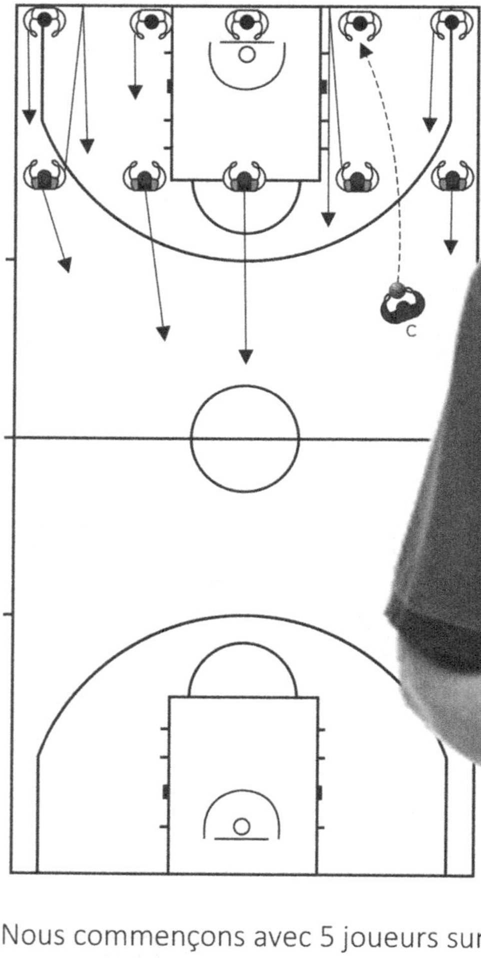

Nous commençons avec 5 joueurs sur la ligne de fond à la même distance pour l'attaque et 5 joueurs sur l'extension de la ligne de lancer-franc, nous travaillons aussi bien sur l'attaque que sur la défense.

Le Coach, avec ballon, décide de le passer à un des attaquants positionnés sur la ligne de fond. Sur le plan défensif, c'est un exercice qui favorise les priorités décisionnelles de la transition défensive.

Au signal du Coach, un, deux ou trois joueurs en défense doivent toucher la ligne de fond pour ensuite repartir de l'autre côté du terrain, la défense doit essayer de gagner en infériorité numérique contre les attaquants.

La communication entre les joueurs en défense est fondamentale. L'attaque se trouvera dans une situation offensive de transition.

Les priorités défensives de la transition sont :
1. Défendre la pénétration.
2. Maintenir le dribbleur sur un côté.
3. Identifier et défendre sur les tireurs à 3 points de leur côté fort.
4. Identifier et défendre sur les tireurs à 3 points de leur côté faible.
5. Créer la défense 5 vs 5 à mi-terrain.

En attaque, nous cherchons à exécuter notre transition, à moins que nous ne puissions attaquer en surnombre 2 contre 1 ou 3 contre 2. La transition offensive peut être exécutée avec un drag, double drag, 4 dehors et 1 dedans ou 5 dehors.

Nous croyons pouvoir défendre efficacement en transition juste pour un laps de temps limité, l'objectif de la défense étant de ralentir les attaquants et de donner le temps aux défenseurs de revenir.

"Entraîne-toi, entraîne-toi et entraîne-toi... énormément !
Et quand tu te sens fatigué, entraîne-toi encore un peu, parce que c'est cet effort supplémentaire qui fera avancer ta carrière".

OSCAR SCHMIDT

"Ces exercices ont rendu ma carrière plus longue et plus facile. La grande diversité d'exercices sur les fondamentaux présents dans ce recueil a permis de faire évoluer mon jeu, de me faire jouer à divers postes sur le terrain et d'être polyvalente dans de nombreux championnats. Je suis très reconnaissante".

FLORENCIA PALACIOS

CONCLUSION

J'espère que ce recueil d'exercices, tirés de mon expérience sur le terrain et de diverses sources, pourra aider les entraîneurs qui, comme moi, veulent avoir des entraînements plus spécifiques aussi bien pour des jeunes joueurs que pour des seniors. L'objectif est de maximiser l'apprentissage, le divertissement, l'implication et la lecture du jeu. Il n'est pas ridicule de dire que les jeunes joueurs viennent en club pour apprendre à jouer au basket, et non pour faire les exercices.
Les « situations de jeu » évoquées ont certains points communs : il y a souvent un défi ou un objectif à atteindre selon le résultat que l'on vise. Certains exercices se basent sur des adaptations de jeu crées pour reproduire des circonstances réellement rencontrées en match. Les joueurs doivent lire la situation, prendre une décision et ainsi faire le bon choix. Nous travaillons également sur les capacités d'anticipation : les joueurs doivent anticiper, selon leur expérience, ce qui se passera sur le terrain. Chaque exercice dans ce manuel a comme caractéristique d'être adaptable aux exigences de l'entraîneur et de l'équipe. Tu peux ajuster les exercices selon tes objectifs en effectuant quelques simples modifications des règles. Je suis sûr que chaque entraîneur véritablement intéressé par ce qu'il fait à l'entraînement sera en mesure de créer de nouvelles « situations de jeu » et adaptera ses propres règles pour satisfaire ses exigences didactiques.
En somme, je suggère également de participer au plus grand nombre d'entraînements, de matchs et d'évènements de basket possibles afin de vous permettre de vous améliorer dans votre travail. Personnellement je n'ai jamais eu peur de voyager pour faire évoluer ma carrière, mon CV témoigne de mes nombreuses expériences dans le monde mais, tout cela n'a constitué pour moi qu'un seul voyage pour suivre mon rêve.
J'ai rencontré de nouvelles personnes, de nouvelles cultures, de nouveaux entraîneurs, joueurs et dirigeants, j'ai établi de nouvelles amitiés, j'ai fréquenté de nombreux gymnases, des petits terrains aux grandes arènes où j'ai toujours ressenti le même amour pour cette passion qui nous unit tous, formant ainsi une seule et grande famille, cet amour pour le même jeu... notre jeu ! Tant que je serai sur un terrain de basket, je ne m'en lasserai jamais !

Antonio d'Albero

SLOVENIA
77
SLOVENIA
10
SLOVENIA

GLOSSAIRE

CATÉGORIE	TERME	DESCRIPTION
STATS	**2PA**	Tir à deux points pris
STATS	**3PA**	Tir à trois points pris
PASSE	**Alley-oop**	Passe avec tir en vol du receveur
BLOCS	**Angle ball screen**	Bloc sur le ballon fait à l'aile
DIVERS	**ATO**	Après Time Out
TIR	**Baby hook**	Tir en bras roulé
COUPES	**Back Door Cut**	Coupe Backdoor
DIVERS	**Back Pedal**	Course à reculons
BLOCS	**Back Screen**	Écran aveugle
DIVERS	**Backcourt**	Moitié de terrain défensive
PASSE	**Ball fake**	Feinte de passe, voir aussi ***pass fake***
ATTAQUE	**Ball reversal**	Renversement de balle
DIVERS	**Ball side**	Côté de la balle, côté fort
DÉFENSE	**Ball Stance**	Position défensive sur le joueur avec ballon
BLOCS	**Bamberg ball screen**	Écran aveugle sur le bloquant du pick and roll
COUPES	**Banana cut**	Coupe dont la trajectoire suit une courbe de la forme d'une banane
DIVERS	**Banger**	Joueur bagarreur, malveillant
PASSE	**Baseball pass**	Passe Baseball
DIVERS	**Baseline**	Ligne de fond
COUPES	**Basket Cut**	Coupe vers le panier
ATTAQUE	**Beat, to**	Battre (*Battre l'adversaire en dribble)*
BLOCS	**Blindside screen**	Écran aveugle, voir aussi ***back screen***
DÉFENSE	**Block, to**	Stopper
DÉFENSE	**Block out, to**	Faire un écran de retard, voir aussi ***box out***
DIVERS	**BOB - Baseline out of Bound**	Remise en jeu
DÉFENSE	**Body check**	Mettre son corps contre le joueur qui coupe ou bénéficie d'un bloc
DÉFENSE	**Body Denial**	Anticipation agressive avec le corps sur la ligne de passe

CATÉGORIE	TERME	DESCRIPTION
DÉFENSE	**Bother the dribble, to**	Gêner le dribble, en position d'intérieur
PASSE	**Bounce pass**	Passe à terre
DÉFENSE	**Box out, to**	Faire un écran de retard
ATTAQUE	**Box set**	Disposition Box pour commencer un jeu d'attaque
DÉFENSE	**Box-and-one**	4 en zone, 1 en individuel
DÉFENSE	**Bump,to**	Même concept que le body check, en moins agressif
TIR	**Catch&Shoot**	Réception et Tir
DIVERS	**Center**	Joueur numéro 5, voir aussi ***Pivot***
DÉFENSE	**Challenge outside shooting**	Défier l'attaquant (ou l'équipe) à tirer hors de la raquette
DIVERS	**Charge**	Faute en attaque
DÉFENSE	**Chase**	Suivre sur le bloc loin de la balle, voir aussi ***follow***
PASSE	**Chest pass**	Passe tendue
ATTAQUE	**Chin the ball**	À l'intérieur, tenir la balle sous le menton avec les coudes vers l'extérieur
ATTAQUE	**Clear out**	
DÉFENSE	**Close out**	Récupération défensive sur joueur avec ballon
DÉFENSE	**Close stance**	Défense rapprochée pour anticiper
ATTAQUE	**Coast to coast**	Le joueur qui récupère le rebond marque en accélération en contre-attaque
DÉFENSE	**Collapse**	Glissement en défense
DÉFENSE	**Combination defense**	Défense mixte individuel-zone
DIVERS	**Competitor**	Joueur compétitif
DÉFENSE	**Contain, to**	Contenir en défense sur le pick&roll
DÉFENSE	**Contest, to**	Contester le tir
DRIBBLE	**Control dribble**	Dribble protégé
BLOCS	**Corner Ball screen**	Pick&Roll joué à l'angle
DIVERS	**Crash the glass**	Aller au rebond offensif
DRIBBLE	**Cross Over**	Changement de main frontal
BLOCS	**Cross screen**	Bloc horizontal
DÉFENSE	**Cross switch**	Changement croisé à 2

CATÉGORIE	TERME	DESCRIPTION
DÉFENSE	**Crowd, to**	Remplir l'espace
BLOCS	**Curl**	Courbe après un bloc
COUPES	**Curl Cut**	Aussi curl, c'est la coupe en suivant une courbe dans un sens plus général
ATTAQUE	**Deep Seal**	Isoler
DÉFENSE	**Defensive slide**	Glissement défensif
DÉFENSE	**Deflection**	C'est le geste avec lequel on dévie une passe ou un dribble
ATTAQUE	**Delay offense**	Attaque qui essaye de jouer pendant plusieurs secondes à chaque possession de balle
DÉFENSE	**Denial**	Anticipation
DÉFENSE	**Deny, to**	Anticiper
DIVERS	**Depth**	Profondeur
DÉFENSE	**Diamond and one**	Défense en boîte 1-2-1 (avec un joueur en individuel)
DÉFENSE	**Diamond press**	Défense pressing 1-2-1-1
DÉFENSE	**Dig**	Bloquer le joueur en poste bas et l'empêcher de dribbler vers le panier
DIVERS	**Dirty Player**	Joueur faisant des sales coups
ATTAQUE	**Dish**	Faire une passe décisive
DIVERS	**Dive**	Plongeon
DÉFENSE	**Double Down**	Prise à deux à l'intérieur avec joueur qui arrive de la zone restrictive
ATTAQUE	**Double screen**	Double pick and roll haut
DÉFENSE	**Double Team**	Prise à deux à l'intérieur de manière plus générale
BLOCS	**Down Screen**	Bloc diagonal
ATTAQUE	**Drag**	Pick&Roll en transition
DÉFENSE	**Draw Foul**	Provoquer la faute du défenseur
ATTAQUE	**Dribble penetration**	Pénétration en dribble
ATTAQUE	**drive**	Pénétration "rapide" en dribble
ATTAQUE	**Driver**	Joueur habile dans la pénétration en dribble
DÉFENSE	**Drop**	Contenir sur le pick&Roll
ATTAQUE	**Drop step**	À l'intérieur, pas effectué pour passer derrière la jambe du défenseur et

CATÉGORIE	TERME	DESCRIPTION
		créer un espace pour attaquer en 1vs1
ATTAQUE	**Duck in**	Prendre position dos au panier
ATTAQUE	**Early Post Up**	Post up en transition
DIVERS	**Elbow**	Angle de la raquette
DIVERS	**Energizer**	Joueur plein d'energie
DIVERS	**EOB - Endline out of bound**	Remise derrière la ligne de fond dans la moitié de terrain défensive
ATTAQUE	**Erratic shooter**	Tireur irrégulier
ATTAQUE	**Exits**	Sorties
ATTAQUE	**Face up**	Faire face, expression spécifiquement utilisée pour le joueur à l'intérieur
ATTAQUE	**Fade away jumper**	Tir sur un ou deux appuis en extension en reculant
COUPES	**Fade cut**	Coupe en s'éloignant de la pression défensive, voir aussi ***flare cut***
ATTAQUE	**Fakes**	Feintes
ATTAQUE	**Fakes and pivots**	Feintes et utilisation des pieds pivots à l'intérieur
DÉFENSE	**Fan the ball**	Donner une forte impulsion à la balle le long de la ligne latérale
ATTAQUE	**Fastbreak**	Contre-attaque
STATS	**Feld goal**	Tir à deux ou à trois points
DIVERS	**Flagrant foul**	Faute antisportive
BLOCS	**Flare screen**	Bloc pour contenir l'attaquant
COUPES	**Flare Cut**	Coupe en s'éloignant de la pression défensive
COUPES	**Fash cut**	Coupe rapide et immédiate, pour couvrir les courtes distances, ou après avoir bloqué un joueur
DÉFENSE	**Flat**	Aide sur le pick&roll
COUPES	**Flex cut**	Couper un écran de dos en ligne de fond puis faire un écran sur le poseur d'écran
TIR	**Floater**	Finition en course pour traverser les bras du défenseur
PASSE	**Flip pass**	Passage de la main à la main avec une seule main
DIVERS	**Flop, to**	Simuler une faute en attaque

CATÉGORIE	TERME	DESCRIPTION
DIVERS	**Flopper**	Joueur qui simule une faute en attaque
DÉFENSE	**Follow**	Accompagner le bloc loin de la balle
DIVERS	**Forward**	Aile, poste d'un joueur
STATS	**Free throw line**	Ligne de lancer-franc
ATTAQUE	**Freeze and go**	Arrêter le dribble et repartir, utilisé pour se débarrasser du défenseur
ATTAQUE	**Front**	Faire face, expression principalement utilisée pour jouer le 1vs1
DIVERS	**frontcourt**	Moitié de terrain offensive
STATS	**FTA**	Lancer-franc tiré
DÉFENSE	**full-court press**	Pression tout terrain
DÉFENSE	**funnel the ball**	Orienter la balle le long de la ligne latérale
ATTAQUE	**Get to rim**	Aller au cercle, attaquer
ATTAQUE	**Give and go**	Passe et va
DIVERS	**Go to player**	Joueur de référence
DIVERS	**Guard - To guard**	Poste à l'intérieur - marquer
TIR	**Guide hand**	Main accompagnatrice sur le tir
DIVERS	**Half court line**	Ligne médiane
BLOCS	**Hammer screen**	Blocs du côté opposé à la balle destiné à un tireur qui part de l'aile pour arriver dans l'angle
PASSE	**Hand off**	Passe de la main à la main
DIVERS	**Hand cheking**	Faute commise pour avoir retenu l'adversaire avec les mains
DÉFENSE	**Hedge**	Sur le pick&roll ou les sorties, c'est le mouvement qu'exécute le défenseur de celui qui bloque pour retarder celui qui a été bloqué
DÉFENSE	**Help and recover**	Aide et récupération, perçu comme une forme de collaboration défensive ou de choix défensif sur le pick&roll
DÉFENSE	**Help for helper**	Collaboration défensive principalement utilisée pour décrire le premier, deuxième et stunt suivant
DÉFENSE	**Help side**	Également appelé ***Weake Side,*** c'est le côté faible

CATÉGORIE	TERME	DESCRIPTION
DÉFENSE	**Help side stance**	Position défensive des joueurs du côté faible
DRIBBLE	**Hesitation**	Mouvement d'hésitation en dribble
DRIBBLE	**Hesitation dribble**	Dribble utilisé durant la phase d'hésitation
DRIBBLE	**Hockey dribbling**	Mouvement d'hésitation auquel s'associe également le mouvement des pieds
DIVERS	**Hockey step**	Mouvement des pieds propédeutique à l'hockey dribbling
TIR	**Hook shot**	Tir en bras roulé
DIVERS	**Inbound, to**	Faire la remise
DIVERS	**inbounder**	Joueur qui fait la remise
DIVERS	**Interior Player**	Joueur qui est exclusivement à l'intérieur
DRIBBLE	**Jab and cross**	Feinte de départ sur un côté avec le même pied et départ croisé successif du côté opposé
TIR	**Jump shot**	Tir en suspension
DIVERS	**Jump stop**	Arrêt simultané
DÉFENSE	**Jump to the ball**	Sauter à la balle
DÉFENSE	**junk defense**	Défense mixte individuelle-zone
COUPES	**L Cut**	Coupe en L
TIR	**Lay up**	Tir en course (généralement associé au double pas)
DIVERS	**Left handed**	Joueur gaucher
DÉFENSE	**Lock up**	Empêcher le bloc
BLOCS	**Logo ball screen**	Pick&Roll joué à proximité du logo de la fédération à l'intérieur de la zone des 3 points
ATTAQUE	**Low post**	Pivot
DÉFENSE	**Man to man defense**	Défense individuelle
DÉFENSE	**Match-up**	Marquage
DÉFENSE	**Meet & stop**	Faire une prise à deux et arrêter l'adversaire (surtout en transition)
DIVERS	**Midcourt line**	Ligne médiane
DÉFENSE	**Mirror the ball**	Expression surtout utilisée pour le défenseur du bloquant à qui on

CATÉGORIE	TERME	DESCRIPTION
		demande d'être devant la balle sur le pick & roll
ATTAQUE	**Mis match**	Marquage avantageux pour l'attaque
ATTAQUE	**Motion**	Typologie particulière d'attaque
DIVERS	**Moving pick**	Bloc en mouvement
DÉFENSE	**No open looks**	Ne pas laisser d'espace au joueur pour placer ses pieds et tirer
BLOCS	**Off ball screen**	Blocs loin de la balle
ATTAQUE	**Offense, Early**	Attaque rapide immédiatement après la contre-attaque / transition
DÉFENSE	**On ball defense**	Défense sur le joueur avec ballon
TIR	**Open shot**	Tir ouvert
DÉFENSE	**Open stance**	Position défensive ouverte sur le joueur sans ballon
PASSE	**Outlet pass**	Passe d'ouverture
PASSE	**Overhead pass**	Passe à deux mains au-dessus de la tête
DIVERS	**Pace**	Rythme
DIVERS	**Paint**	Aire
ATTAQUE	**Paint touch**	" Toucher l'aire ", soit remettre la balle au joueur dans l'aire
DIVERS	**Palming**	Porté de balle
PASSE	**Pass fake**	Feinte de passe
PASSE	**Passer**	Passeur de balle
PASSE	**Passing lane**	Ligne de passe
TIR	**Pat**	Dribble, arrêt et tir
ATTAQUE	**Penetration**	Pénétration
BLOCS	**Pick the picker**	Bloquer celui qui bloque, voir aussi ***screen the screener***
BLOCS	**Pin Down**	Bloc diagonal
DÉFENSE	**Pistol Stance**	Technique de la position défensive du joueur sur le côté faible
DIVERS	**Pivot**	Poste à l'intérieur du terrain - joueur en position numéro 5
DIVERS	**Pivot foot**	Pied pivot
DIVERS	**Player, Inside**	Joueur intérieur

CATÉGORIE	TERME	DESCRIPTION
PASSE	**Pocket pass**	Passe dans la "poche", à celui qui déroule après le pick&roll
ATTAQUE	**Pop out**	S'ouvrir après un bloc ou une coupe
STATS	**Possession**	Possession
ATTAQUE	**Post up**	Post bas – utilisé aussi comme verbe, aller en poste bas
DIVERS	**Power Forward**	Poste à l'intérieur du terrain – joueur en position numéro 4
TIR	**Power layup**	
TIR	**Power move**	
DÉFENSE	**Pressure**	Pression
ATTAQUE	**Primary Fastbreak**	Contre-attaque primaire
TIR	**Pull up**	Arrêt et tir
TIR	**Pump Fake**	Feinte de tir, voir aussi ***shot fake***
DÉFENSE	**Push + under**	Choix défensif sur le pick&roll
PASSE	**Push pass**	Passe à une main latérale
ATTAQUE	**Push the tempo**	Littéralement pousser le rythme, soit mettre du rythme dans l'action ou dans la manière de jouer
BLOCS	**Re-screen**	Rebloquer sur la balle, fait quand la défense passe derrière le bloc
ATTAQUE	**Re-post**	Mouvement du joueur à l'intérieur avec la balle qui, après l'avoir passée hors des 3 points, prend position
DIVERS	**Rebound, to**	Rebond, aller au rebond
ATTAQUE	**Reject, to**	Refuser le bloc (de n'importe quel genre soit-il)
BLOCS	**Reject Ball Screen**	Attaquer le côté opposé au bloc
BLOCS	**Reverse Split**	Bloc inverse des joueurs hors des 3 points avec ballon en poste bas
DIVERS	**Rim**	Cercle
DIVERS	**Rim runner**	Joueur qui court en contre-attaque
ATTAQUE	**Roll**	Après le bloc, déroulement et sprint vers le panier
ATTAQUE	**Run North-South**	Courir à tout terrain
ATTAQUE	**Run the court**	Courir en contre-attaque
DIVERS	**Running clock**	Temps de jeu sans interruption

CATÉGORIE	TERME	DESCRIPTION
DIVERS	**Running time**	Voir ***running clock***
DÉFENSE	**Sag, to**	Flotter
BLOCS	**Screen away**	Le bloc fait après le passe et va
BLOCS	**Screen the Screener**	Bloquer celui qui bloque
BLOCS	**Seal Screen**	Bloc fait dans la raquette après avoir roulé en scellant le défenseur de celui qui bloque dans un 2c1
DÉFENSE	**Seek, to**	Littéralement chercher, aller à la chasse de, identifier un joueur par rapport à un mouvement particulier du jeu
DIVERS	**Shell Box**	Disposition en coquillage (deux à l'aile, deux à l'angle) très utilisée pour les exercices de défense
DÉFENSE	**Shoot the gap**	Positionnement – Saut vers la balle
TIR	**Shot fake**	Feinte de tir
DÉFENSE	**Show**	Choix défensif sur le pick&roll
DÉFENSE	**Show + under**	Choix défensif sur le pick&roll
DÉFENSE	**Shift**	Aide du côté fort, voir aussi ***stunt***
DÉFENSE	**Shrink, to**	Réduire les espaces en défense
COUPES	**Shuffle cut**	Coupe shuffle
BLOCS	**Shuffle screen**	Bloc shuffle
BLOCS	**Side ball screen**	Pick&roll latéral
ATTAQUE	**Slash, to**	Attaquer le cercle avec détermination pour finir en course
TIR	**Slash-pull**	Dribble arrêt et tir en pénétration
DIVERS	**Slasher**	Joueur habile pour attaquer avec détermination le cercle et finir en course
BLOCS	**Slip**	Feinte de bloc et coupe
DIVERS	**Slow down, to**	Ralentir
DIVERS	**Small forward**	Poste à l'intérieur du terrain - jouer en position numéro 3
BLOCS	**Snaking**	Après avoir attaqué en pick & roll, vs drop ou switch, changer de main et attaquer du côté opposé
DIVERS	**SOB - Sideline out of bound**	Remise en jeu latérale
ATTAQUE	**Spacing**	Espacement

CATÉGORIE	TERME	DESCRIPTION
BLOCS	**Spain ball screen**	Écran aveugle sur le porteur du bloc du pick and roll
DRIBBLE	**Spin dribble**	Tour en dribble
ATTAQUE	**Spin Move**	Rotation dorsale, soit de départ (départ reverse ou départ whorty) soit de dribble
BLOCS	**Split**	Bloc entre externes avec ballon au pivot
BLOCS	**Split, to**	Bloquer entre externes avec ballon au pivot
TIR	**Spot up**	Tir en position
BLOCS	**Spread ball screen**	Pick&Roll joué avec la raquette complètement vide, et tous les autres joueurs sur le périmètre
DÉFENSE	**Sprint Back, to**	Revenir en défense
ATTAQUE	**Square up**	Faire face, expression surtout utilisée pour le joueur en poste bas
BLOCS	**Stagger**	Séquence de 2 blocs loin de la balle
DÉFENSE	**Stay home**	Expression utilisée pour qualifier une défense où chacun marque son adversaire sans ballon, sans prêter attention au joueur avec ballon
DÉFENSE	**Stay on string**	Littéralement être sur la corde, expression utilisée pour décrire une défense qui se déplace et joue avec le même timing
TIR	**Step back**	Littéralement un pas de recul, c'est la typologie de tir avec arrêt en créant un espace en arrière ou en éloignement
ATTAQUE	**Stop and go dribble**	Arrêter le dribble et repartir, utilisé pour se débarrasser du défenseur
DIVERS	**Streak shooter**	Tireur qui n'est pas constant dans ses pourcentages de réussite et peut enchainer les paniers marqués ou ratés
DIVERS	**Stretch the floor**	Ouvrir le terrain
DIVERS	**strong side**	Côté fort
DIVERS	**Struggle with pressure, to**	Expression utilisée pour qualifier un joueur qui subit la pression défensive
DÉFENSE	**Stunt**	Aides du côté fort

CATÉGORIE	TERME	DESCRIPTION
ATTAQUE	**Swing, to**	Renverser la balle
DÉFENSE	**Switch**	Changement défensif
DIVERS	**Tall and Lanky**	Expression utilisée pour qualifier physiquement un joueur grand et peu coordonné (Mezzanotte, Fucka)
BLOCS	**Tandem Screen**	Séquence de deux blocs alignés loin de la balle
DIVERS	**Target**	Cible
BLOCS	**Tight ball screen**	Bloc sur la balle joué en position de poste bas
DIVERS	**Timing**	Temps de jeu (offensif ou défensif)
ATTAQUE	**Triple threat position**	Position de la triple menace - position fondamentale avec passe
DIVERS	**Top**	Poste du terrain, en meneur
BLOCS	**Top Ball Screen**	Pick&Roll joué au centre hors des 3 points
DÉFENSE	**Top Lock**	Empêcher le bloc
DIVERS	**Top Scorer**	Meilleur marqueur
ATTAQUE	**Trailer**	Remorquage
DÉFENSE	**Trap, to**	Prise à deux
DIVERS	**Traveling**	Faire un marcher
DÉFENSE	**Triangle and two**	Défense triangle et deux : trois en zone, deux en individuel
TIR	**Turn around jumper**	En poste bas, rotation dorsale et tir en éloignement
ATTAQUE	**Turn the corner, to**	Tourner à l'angle, expression utilisée pour qualifier le mouvement pour dépasser le défenseur du porteur de bloc qui fait un show
DIVERS	**Turnover**	Balle perdue
DIVERS	**Turnover prone**	Expression utilisée pour qualifier un joueur qui a tendance à souvent perdre la balle
BLOCS	**UCLA Screen**	Écran aveugle du côté fort
TIR	**Up&Under**	Après l'arrêt, feinte de tir et finition en allant du côté opposé en dépassant les bras du défenseur
COUPES	**V Cut**	Coupe ou démarquage en V

CATÉGORIE	TERME	DESCRIPTION
BLOCS	**Veer Screen**	Bloc en "courbe ", après une feinte de pick and roll, pour un tireur à l'angle (ex. Situations de Ramondino à Casale M.)
DIVERS	**Veteran**	Expression utilisée pour qualifier un joueur expert du championnat de référence
DIVERS	**Weak Side**	Côté faible, voir aussi ***help side***
ATTAQUE	**Weak side action**	Action de jeu déployée du côté faible, surtout avec la balle au pivot
DIVERS	**wear, to**	Fatiguer les adversaires
BLOCS	**Wide Pin Down**	Bloc diagonal du côté faible, voir ***wide screen***
BLOCS	**Wide screen**	Bloc diagonal du côté faible
DÉFENSE	**Wike side triangle**	Positionnement des joueurs en forme de triangle du le côté faible
DIVERS	**Win Room, to**	Expression utilisée pour qualifier le mouvement réalisé par le joueur pour gagner de l'espace, surtout à l'intérieur
DIVERS	**Wing**	Poste à l'intérieur du terrain – jouer en position numéro 3
BLOCS	**Zipper Screen**	Bloc vertical
DÉFENSE	**Zone Defense**	Défense en zone

5
SLOVE
7

L'AUTEUR

Antonio d'Albero (12.06.1982 Caserta, Italie) est un entraîneur de basket professionnel avec une longue expérience internationale sur le terrain, au cours de sa carrière il a entrainé des équipes masculines et féminines dans de nombreux pays. Il a dirigé les clubs et les équipes nationales des plus grandes divisions Séniors aux secteurs juvéniles. Son curriculum vitae témoigne de nombreuses saisons effectuées en Italie avec des équipes professionnelles masculines et féminines, au Danemark en qualité de coach dans la Dameligaen, pour la plus haute division féminine, mais également dans la division 1 masculine, aux USA dans la WABA de Chicago, au Luxembourg dans la Total League pour la plus haute division féminine avec l'équipe sénior ainsi que dans le secteur féminin et masculin junior avec qui il a remporté le championnat et la coupe nationale, sans oublier la convocation à l'All Star Game senior.

En Suisse il a entraîné la plus haute division féminine SBL Dam et la division 2 masculine ; en Islande dans la Domino's League dans le plus grand championnat féminin et dans le secteur junior féminin et masculin avec qui il a remporté le titre national.

En ce qui concerne la Fiba Europe, il a été engagé par la Nationale de la Macédoine pour participer au Championnat Européen de Ohrid (Macédoine). Dans la Fiba Amériques, il a entrainé la Nationale de la Jamaïque et le Centrobasket de Monterrey (Mexique) pour se qualifier aux Jeux Olympiques et, toujours dans les Caraïbes, il a dirigé la Nationale de Aruba aux CBC Games de Georgetown en Guyane, avant d'y retourner ensuite plusieurs fois pour entraîner également l'équipe sénior masculine des Impact.

Au cours de son long voyage international il a pris part à de nombreux évènements professionnels comme le fait d'entraîner dans le pre-WNBA draft combine à Tampa (USA) ou dans le pro-OBC durant la NBA Summer League de Las Vegas (USA) et en Italie dans la NCAA CBT.

Coach d'Albero a organisé de nombreux camps pour entraîneurs et joueurs dans le monde entier, dont un particulièrement renommé au Japon à Narawa et à Porto Rico pour entraîneurs, aux USA il participe au Philadelfia Sixers camp et à de nombreux autres en Italie, en Islande, au Danemark, en Suède et à Aruba ; de nombreuses présences comme du scouting pour des tournois en Allemagne, France, Argentine, Espagne, etc.

Outre le fait d'être Entraîneur National FIP, il possède la Licence Fiba, la USA Gold Coach License et la Fiba Americas Coach License.

Mes remerciements vont à Raffaele Piacentile
qui a réalisé les diagrammes de cet ouvrage et au
Coach Mattia Consoli pour le glossaire.

Édité par

BKC
EDITORE

Fin du tirage en Novembre 2022

Made in the USA
Monee, IL
11 November 2026

68341145R00092